LA CONFES

BENEDIKT BAUR, O. S. B.

LA CONFESIÓN
FRECUENTE

Instrucciones, meditaciones y oraciones
para la frecuente recepción del sacramento
de la penitencia

BARCELONA
EDITORIAL HERDER
1974

Versión española de EDITH TECH ERNST y RODRIGO HUIDOBRO TECH sobre la 7.ª edición original alemana de *Die häufige Beicht*, de BENEDIKT BAUR, O.S.B., publicada en 1951 por Editorial Herder y C.ª de Friburgo de Brisgovia (Alemania)

Primera edición 1953
Séptima edición 1974

NIHIL OBSTAT: El censor, DR. CIPRIANO MONTSERRAT, Canónigo

IMPRÍMASE: Barcelona, 3 de diciembre de 1952
† GREGORIO, Arzobispo - Obispo de Barcelona

Por mandato de Su Excia. Rvdma.
ALEJANDRO PECH, Pbro., Canciller - Secretario

GRAFESA - Nápoles, 249 - Barcelona (13)

INDICE

APÉNDICE

PRÓLOGO

En los años pasados, con motivo de la renovación litúrgica y de algunas consideraciones nuevas surgidas en el campo de la devoción católica, se ha escrito y discutido no poco acerca de la confesión frecuente de los pecados veniales o, como se la ha llamado, de la confesión por devoción. El mismo papa, Pío XII, en su Encíclica *Mystici Corporis* (1943), dedicó su atención a la confesión frecuente; y saliendo al encuentro de algunos que «aseguran que no hay que hacer tanto caso de la confesión frecuente», la tomó bajo su protección: «Queremos recomendar con mucho encarecimiento el piadoso uso de la confesión frecuente, introducido por la Iglesia no sin una inspiración del Espíritu Santo.» Con ello queda claro el juicio que la Santa Iglesia tiene formado de la confesión frecuente. «Quien trate de rebajar el aprecio de la confesión frecuente tenga a bien reflexionar — dice la Encíclica — que acomete una empresa extraña al Espíritu de Cristo y funestísima para el Cuerpo místico de nuestro Salvador.»

Por desgracia, hay no pocos, aun en los sectores católicos, que oponen reparos contra la confesión frecuente y se creen obligados no sólo a no recomendarla, sino a desaconsejarla, cuando por su parte la Iglesia, en su Código de Derecho Canónico, casi la convierte en deber para los seminaristas y para los religiosos.

Desde la primera edición de *Beseligende Beicht*, 1922, a causa de las dificultades que se han opuesto a la confesión frecuente, han surgido nuevos e impor-

7

tantes puntos de vista; se han hecho buenas y prácticas observaciones para dar mayor vida a la confesión frecuente. Por eso me ha parecido necesario retocar a fondo las antiguas ediciones, utilizando, compendiando y sistematizando los nuevos conocimientos.

La confesión frecuente está ante todo escrita para los numerosos sacerdotes y religiosos que aspiran seriamente a la perfección, así como también para muchos seglares verdaderamente devotos. Yo, por mi parte, estoy firmemente convencido de que en estos círculos se siente un vivo anhelo de practicar la confesión frecuente, y practicarla de manera que sea verdaderamente provechosa y creadora de nueva vida. No ha de ser una mera «práctica»; no debe practicarse mecánicamente o tan sólo porque a los religiosos les ha sido prescrita por el Código de Derecho Canónico y por la regla. Por eso el presente trabajo se propone profundizar en la confesión frecuente, darle vida, hacerla comprender y exponer su alto valor para la vida cristiana.

El abad Butler escribe: «A medida que los católicos cultos y de alto nivel intelectual vayan compenetrándose más con la corriente del catolicismo vivo, y con sencillez de corazón tomen parte en las usuales prácticas devotas — cada cual según sus dotes personales, sus inclinaciones y preferencias —, más se remontarán en la religión del espíritu» *(Benedictinisches Mönchtum,* 309). A mí me parece que esta frase tiene especial valor respecto de la confesión frecuente, desde que tan usual es en la Iglesia, y tan encarecidamente ha sido recomendada por la Suprema Autoridad.

Por lo que toca al título del libro, me parece que debo prescindir del antiguo; y, asimismo, desechar otras expresiones, como confesión devota, que, aun cuando en sí sean muy expresivas y acertadas, no gustan tanto entre nosotros. Y ahora, después que Pío XII ha empleado la palabra «confesión frecuente», he resuelto dar a la nueva edición este título: *La confesión frecuente.* Y por confesión frecuente entendemos la confesión exclusiva de pecados veniales o válidamente confesados ya antes y perdonados, que ahora se confiesan de nuevo o «se incluyen». Se trata de una confesión que se hace frecuentemente, por lo menos una vez al mes.

Abadía primada de Beuron, Pentecostés, 1945.

BENEDIKT BAUR

Primera parte

LA CONFESIÓN FRECUENTE

1. ¿Qué significa confesión frecuente?

Uno puede recibir frecuentemente el sacramento de la penitencia porque una y otra vez reincide en un pecado mortal y quiere obtener de Dios su perdón. Aquí no hablamos de la confesión frecuente en este sentido. Lo que aquí queremos significar es la confesión frecuente, repetida, de una persona que ordinariamente no comete ningún pecado mortal, que, por tanto, vive en unión con Dios, y que por el amor está ligada a Él. También ella incurre en toda clase de infidelidades y faltas, y tiene diferentes debilidades, costumbres torcidas y tendencias en la lucha con la concupiscencia y el amor propio. No le es indiferente fracasar a veces, aunque no sea en cosas graves, y obrar contra su conciencia. Se preocupa de purificar su alma de toda mancha de pecado y faltas, de conservarla limpia y fortalecer su voluntad en la aspiración hacia Dios. Por esa razón acude con frecuencia, a veces hasta cada semana, a la santa confesión. Va en busca de la purificación interior, de la firmeza de voluntad; busca nueva fuerza para tender siempre a la unión perfecta con Dios y con Cristo. Sabe bien que en conciencia no está en manera alguna obligada a confesar los pecados veniales que ha cometido. Sabe que es enseñanza expresa de la Iglesia que los pecados veniales pueden callarse en la confesión, porque hay otros muchos medios por los que se pueden borrar del alma los pecados veniales. Tales medios son todos los actos de verdadero arrepentimiento sobrenatural, todas las oraciones en que se pide el perdón de los pecados, todas las obras hechas con espíritu de penitencia y de expiación y todos los dolores sufridos con el mismo espíritu.

Además, sirven todos los actos de amor perfecto a Dios y a Cristo, todos los actos y obras de amor cristiano al prójimo, hechos por motivos sobrenaturales, así como todas las obras y todos los sacrificios realizados por amor sobrenatural. También son medios la práctica bien hecha de los llamados sacramentales, por ejemplo, del agua bendita; además, una serie de oraciones litúrgicas, como el *Confíteor Deo,* como el *Asperges me,* como en especial la asistencia al santo sacrificio de la Misa y la recepción de la santa comunión. Mediante la sagrada comunión «somos purificados de las faltas diarias», dice el Concilio tridentino (13.ª sesión, cap. 2.º). Véase, pues, cuán fácil ha hecho la bondad misericordiosa de Dios al alma, animada de verdadera ansia de perfección, el reparar inmediatamente una falta cometida.

1. Si, pues, existen tantos medios para que el alma se purifique de sus pecados veniales sin el sacramento de la penitencia, ¿qué sentido y qué valor tiene la confesión de los pecados veniales? ¿Dónde está el «provecho» de esta confesión, de que habla el Concilio de Trento? Dice: «Los pecados veniales, que no nos privan de la divina gracia y en que tan a menudo recaemos, se confiesan y acusan con razón y provecho en la confesión, como lo comprueba la práctica de las personas devotas» (sesión 14, cap. 5.º).

a) El fruto de la confesión de los pecados veniales se funda ante todo en que se trata de la recepción de un sacramento. *El perdón de los pecados* se logra en virtud del sacramento, es decir, de Cristo. En el sacramento de la penitencia, «a aquellos que después del bautismo han pecado, se les aplican los merecimientos de la muerte de Cristo» (Conc. de Trento, sesión 14, cap. 1.º). En lo cual hay que observar: en el sacramento es esencial el íntimo arrepentimiento de los pecados, que es elevado por el sacramento a la unión, llena de gracia, con Dios. La gracia aquí otorgada, puesto que se trata exclusivamente de pecados veniales, no es, como cuando se trata de pecado mortal, la nueva vida de la gracia, sino el robustecimiento, el aumento y profundidad mayor de la vida sobrenatural, de la santa caridad, en el hombre. El sacramento de la penitencia lo primero que produce es lo positivo, el robustecimiento de la nueva vida, el aumento de la gracia santificante, y en unión con ella una gracia coadyuvante que estimula nuestra voluntad a un acto de amor o de arrepentimiento. Ese acto de amor borra los pecados veniales y los arroja del alma, de manera semejante a como la luz ahuyenta y elimina las tinieblas.

El provecho de la confesión de los pecados veniales consiste, además, en que la virtud del sacramento no sólo borra los pecados, sino que además abarca y sana sus *consecuencias,* de manera más perfecta de como ocurre en el perdón extrasacramental de los pecados veniales. Porque en el sacramento de la penitencia se perdona una parte mayor de las penas temporales de los pecados que por los medios extrasacramentales, aunque concurra igual espíritu de arrepentimiento. Pero sobre todo el sacramento de la penitencia cura al alma de la debilidad producida por los pecados veniales, del cansancio y la frialdad para las cosas divinas, de la inclinación que con los pecados veniales renace para las cosas terrenales, del robustecimiento de los instintos e inclinaciones torcidas y del poder de la mala concupiscencia — y esto en virtud del sacramento, es decir, de Cristo mismo —. Así la confesión de los pecados veniales suministra al alma una frescura interior, un nuevo impulso para entregarse a Dios, a Cristo, y al cuidado de la vida sobrenatural, lo que ordinariamente no acontece en el perdón extrasacramental de los pecados veniales.

Un provecho muy especial y sobresaliente produce la confesión de los pecados veniales por estas circunstancias: que en general los *actos* del examen de conciencia, en especial del arrepentimiento, del propósito, de la voluntad de satisfacción y de penitencia, son mucho más perfectos y mejor elaborados que en el perdón extrasacramental de los pecados veniales por medio de una jaculatoria o por el uso piadoso del agua bendita. Todos sabemos lo que cuesta acusarse debidamente ante el sacerdote; todos sabemos cómo debemos preocuparnos de realizar bien los actos de arrepentimiento y de propósito e incitar la voluntad a la penitencia y a la satisfacción. Con plena conciencia nos dedicamos a hacer bien esos actos.

Y con razón. Porque esos actos de aversión interior a las faltas no constituyen únicamente una condición previa del alma para la recepción del sacramento de la penitencia, son su parte esencial. De ellos depende que haya verdadero sacramento, ellos determinan la medida de la eficacia del sacramento, la del crecimiento en la vida divina y del perdón de los pecados. El sacramento de la penitencia, así como el sacramento del matrimonio, es el sacramento más personal. La participación personal del penitente, sus actos personales de arrepentimiento, de acusación, de voluntad de satisfacción, son decisivos para la eficacia del sacramento. Ésa depende esencialmente de nuestro juicio personal sobre el pecado cometido y de nuestro retorno personal a Dios y a Cristo. En el sacramento de la pentiencia que recibimos, nuestros actos personales de penitencia son elevados de la esfera meramente personal y son unidos con la virtud de los padecimientos y muerte de Cristo, que operan en el sacramento. Aquí es donde resplandecen toda la gracia y el provecho del sacramento de la penitencia.

La llamada *gracia sacramental,* que sólo es propia del sacramento de la penitencia y que por ningún otro sacramento se produce o puede producirse, es la gracia santificante, con carácter y fuerza especial para hacer desaparecer la enervación causada por los pecados veniales, el déficit de fuerza, valor e impulso espiritual, para fortalecer el alma y alejar los impedimentos que se oponen a la gracia y su operación eficaz en el alma.

Un significado y provecho especial de la confesión frecuente consiste en que los pecados veniales se confiesan al sacerdote como representante de la Iglesia, es decir, *a la Iglesia*, a la comunidad. El que peca venialmente sigue siendo miembro viviente de la Iglesia. Con el pecado venial no ha pecado solamente contra Cristo, contra Dios y el bien de su propia alma: al mismo tiempo ha causado un daño a la Iglesia, a la comunidad; su pecado es una «mancha», una «arruga» de la esposa de Cristo; es un obstáculo para que el amor que el Espíritu Santo derrama sobre la Iglesia pueda desarrollarse libremente en todos los miembros de la Iglesia de Cristo. El pecado venial es un daño inferido a la comunidad, es una falta de amor para con la Iglesia, de la que únicamente manan la vida y la salvación para el cristiano. Por eso no puede expiarse de una manera más adecuada que poniéndolo en conocimiento del representante de la Iglesia, recibiendo su perdón y cumpliendo la penitencia impuesta por él.

b) No se agota el significado de la confesión frecuente con perdonarse en este sacramento las faltas cometidas y curarse la debilidad íntima del alma. La confesión frecuente no mira sólo hacia atrás, hacia lo que ha sido, hacia las faltas cometidas en el pasado: también mira hacia delante, hacia el porvenir. Aspira también a construir, quiere efectuar un trabajo para el porvenir. Cabalmente, con su frecuencia, aspira a *un fin eminentemente positivo:* al robustecimiento y nueva vida de la voluntad en su lucha por la verdadera virtud cristiana, por la pureza perfecta y la entrega total a Dios, por el triunfo completo del hombre espiritual y sobrenatural en nosotros, por el dominio del espíritu sobre los apetitos, los sentimientos, las pasiones y las debilidades del hombre viejo en nosotros. La confesión frecuente sirve para que vayamos identificándonos más y más con el espíritu y el ánimo de Cristo, en especial con el odio que siente Cristo contra todo lo que en nosotros pudiera desagradar a Dios, y hagamos nuestro el espíritu de expiación y de satisfacción de Cristo por nuestros propios pecados y por los de los demás. Del genuino sentimiento de penitencia brotan la prontitud para todo sacrificio, todo dolor, todas las dificultades y pruebas a que el Señor tenga a bien someternos, valores de alto precio de que participamos, tanto más cuanto con mejor disposición y con mayor frecuencia recibimos el santo sacramento de la penitencia.

c) Muchos hacen resaltar como nuevo provecho de la confesión frecuente *la dirección del alma* por medio del confesor. La verdad es que la dirección de las almas que aspiran a la perfección de la vida religiosa y cristiana es altamente deseable y útil, y a veces hasta moralmente necesaria. Hoy los más acuden para la dirección del alma al confesor. Y con razón. Uno de los principales motivos por los que la Santa Iglesia prescribe positivamente la confesión frecuente, y hasta semanal, a los sacerdotes, a los seminaristas y a todas las órdenes religiosas, es cabalmente éste: que mediante ella queda asegurada de la manera más sencilla la dirección espiritual de los que están obligados a aspirar a la perfección cristiana en un modo especial. Según San Alfonso María de Ligorio, uno de los deberes fundamentales del confesor es ser director espiritual. Sin embargo, sería una equivocación decir que la dirección de las almas está esencialmente ligada a la confesión o a la confesión frecuente. Tampoco sería propio unir la dirección espiritual con la confesión frecuente tan estrechamente que, como suele suceder, casi se pase por alto el lado sacramental de la santa confesión para dar el primer lugar a la medicina pastoral. El religioso y la religiosa encuentran normalmente la dirección espiritual en la estrecha unión con la vida de comunidad ordenada, con la vida claustral tal como la encauzan la regla y los superiores. Ella les ofrece normalmente los medios que necesitan para lograr el fin de la vida de la orden: la santidad.

2. Los pecados que ya se han confesado antes debidamente, sean mortales o veniales, ¿podemos confesarlos de nuevo, «incluirlos»? Ya hemos observado antes que son esenciales en la confesión no los pecados, sino los actos interiores de aversión de la voluntad hacia los pecados cometidos, los actos de arrepentimiento y de voluntad de satisfacción, etcétera. Pero el pecado cometido queda como un hecho histórico, aun cuando haya sido perdonado. Asimismo es posible que el hombre una y otra vez se arrepienta interiormente del pecado cometido, lo condene, lo deteste, con voluntad de evitarlo, de corregirse, de hacer penitencia. Cuando se da esta actitud interior, no hay impedimento alguno para que, mediante la virtud de Cristo que opera en el sacramento de la penitencia, se eleve a un retorno a Dios pleno de gracia. También en este caso en que se confiesan pecados ya confesados y perdonados, el sacramento produce el efecto que le es esencial: aumenta la gracia santificante, la cual, como fruto del sacramento de la penitencia, en virtud de su íntima naturaleza borra el pecado si lo hay. La gracia producida por el sacramento de la penitencia no hay que concebirla sin relación al pecado, que borra del alma, si la encuentra en estado de pecado. Por eso las palabras del sacerdote «Yo te absuelvo de tus pecados» tienen pleno sentido, aun en el caso de que sola y únicamente produzcan la gracia (su aumento), sin perdonar el pecado, porque ya no existe ninguno que pueda ser perdonado. Por eso la Iglesia considera como materia suficiente, es decir, como suficiente objeto de la sagrada confesión los pecados debidamente confesados y perdonados ya (Cód. de Derecho Canónico, can. 902). Benedicto XI, en 1304,

17

declara «provechoso» confesar de nuevo los pecados
ya confesados.

3. Por lo dicho se puede comprender en qué
sentido se puede hablar de *confesión frecuente*. Confesión frecuente es aquella que es adecuada para
producir y lograr el doble fin de purificar el alma de
los pecados veniales y, al mismo tiempo, confirmar
la voluntad en su aspiración al bien y a la unión
más perfecta con Dios. Este fin, según la doctrina
común y la experiencia, se logra mediante la confesión practicada cada semana, o cada quince días,
o cada tres o cuatro semanas: la Santa Iglesia cuenta
con el caso de que alguien se confiese más de una vez
en la semana (Cód. de Derecho Canónico, can. 595).
Por otra parte, si no tiene nada que confesar, puede
uno ganar todas las indulgencias con tal que se
confiese al menos dos veces al mes o reciba la sagrada comunión diaria o casi diariamente (Cód. de Derecho Canónico, can. 931, 3).

Asimismo, de lo dicho hasta ahora se deduce que
la confesión frecuente presupone y exige una seria
aspiración a la pureza interior y a la virtud, a la
unión con Dios y con Cristo, es decir, una verdadera
vida interior. El que quiere conformarse con evitar
únicamente el pecado mortal, sin preocuparse de
los pecados veniales, de determinadas infidelidades
y faltas; el que no está resuelto a combatirlos con
toda seriedad, ese tal no se halla en condiciones de
hacer con provecho una confesión frecuente. La
confesión frecuente es inconciliable con una vida
de tibieza: antes bien, según su más íntima finalidad,
es uno de los medios más eficaces para superar y eliminar la tibieza. Si se practica con conciencia plena,
impulsa necesariamente al anhelo de lo bueno, de
lo perfecto, a la lucha contra el más íntimo pecado
consciente o contra una infidelidad o descuido.

Las almas perfectas buscan y hallan en la confesión frecuente fuerza y valor para luchar por la
virtud y por una vida para Dios y con Dios. Pero

al propio tiempo buscan ante todo la pureza perfecta del alma. A ellas les es muy doloroso causar pena a su amoroso Padre con una infidelidad. Siempre tienen presente ante su vista a Cristo, esposo de su alma, lleno de hermosura, de pureza inmaculada y santidad. Quieren compartir su vida, vivirla, continuarla y ser otro Cristo. Empujadas por el amor al Padre, por el amor a Jesús, al que quieren asemejarse cada día más, acuden a menudo a la santa confesión. Es el santo amor a Dios y a Cristo el que impulsa a estas almas a recibir con frecuencia el sacramento de la confesión. La confesión frecuente es para ellas una necesidad.

Las almas menos perfectas buscan y hallan con frecuencia en la sagrada confesión un medio muy excelente para la lucha eficaz contra las imperfecciones, el fracaso diario, las torcidas inclinaciones y costumbres y, sobre todo, contra el cansancio espiritual y el peligro del desaliento. Cabalmente en la recepción del sacramento de la penitencia experimentan estas almas, en sí mismas, que en ellas y con ellas lucha y triunfa alguien más fuerte, Cristo, el Señor, el que ha triunfado del pecado, y quiere y puede vencerlo en sus miembros.

Queremos cerrar este capítulo con las palabras de la Encíclica *Mystici Corporis* de Pío XII, de 29 de junio de 1943; «Es pues del todo evidente que con estas engañosas doctrinas (las del malsano quietismo) el misterio de que tratamos, lejos de ser de provecho espiritual para los fieles, se convierte miserablemente en su ruina. Esto mismo sucede con las falsas opiniones de los que aseguran que no hay que hacer tanto caso de la confesión frecuente de los pecados veniales, cuando tenemos aquella más aventajada confesión general que la Esposa de Cristo hace cada día con sus hijos, unidos a ella en el Señor, por medio de los sacerdotes que están para acercarse al altar de Dios. Cierto que, como bien sabéis, venerables hermanos, estos pecados veniales se pueden expiar de muchas y muy loables maneras;

pero para progresar cada día con más fervor en el camino de la virtud queremos recomendar con mucho encarecimiento el piadoso uso de la confesión frecuente, introducido por la Iglesia no sin una inspiración del Espíritu Santo, con el que aumenta el justo conocimiento propio, crece la humildad cristiana, se desarraigan las malas costumbres, se hace frente a la tibieza e indolencia espiritual, se purifica la conciencia, se robustece la voluntad, se lleva a cabo la saludable dirección de las conciencias y aumenta la gracia en virtud del sacramento. Adviertan, pues, los que disminuyen y rebajan el aprecio de la confesión frecuente entre los jóvenes clérigos, que acometen una empresa extraña al Espíritu de Cristo y funestísima para el Cuerpo místico de nuestro Salvador.»

2.   ¿CÓMO DEBEMOS PRACTICAR LA CONFESIÓN FRECUENTE?

No es fácil contestar a esta pregunta. Aquí también tiene su aplicación la regla de que una misma cosa no es para todos. Es menester distinguir dos clases entre los que practican la confesión frecuente.

Muchos de ellos se encuentran en medio de la vida, en la familia, en la oficina, en la fábrica, en la escuela, en la profesión, en el negocio, con su prisa, su inquietud y su ruido. Notablemente se esfuerzan por llevar una vida pura y grata a Dios. Se mantienen duraderamente en estado de gracia y de hijos de Dios, pero siempre vuelven a caer en toda clase de faltas. Van cada semana y seguramente cada mes a la sagrada confesión, se arrepienten seriamente de sus faltas y se acusan de las mismas con espíritu de arrepentimiento y con la mejor voluntad, tan bien como pueden, aunque tal vez no en una forma muy perfecta. ¿Diremos que una tal confesión no es para ellos saludable? Por la manera inhábil y desmañada como la hacen, ¿hemos de inquietarlos y aconsejarles sin necesidad urgente que la hagan de otra manera? O ¿no deberíamos más bien ayudarlos a formar un propósito serio y práctico, y conservar su firme voluntad de avanzar a pesar de los fracasos y crecer en la vida espiritual? Lo mismo podría decirse por lo regular acerca de aquellos años de la vida religiosa en que a menudo se cometen aún tropiezos, infidelidades y faltas, pecados veniales conscientes, deliberados, de cierta gravedad. En estos años es de aconsejar que la santa confesión se relacione estrechamente con la meditación y con el examen de conciencia general y especial.

Pero poco a poco y de manera normal en todo el campo de la vida interior se verifica un constante proceso de simplificación. A este proceso está sometida la meditación lo mismo que el examen de conciencia y toda la aspiración a la virtud y la vida de oración. A este proceso de simplificación está sometida también la recepción del sacramento de la penitencia. Con el progreso en la vida interior van disminuyendo los pecados veniales conscientes y deliberados, y, en general, sólo quedan casi los llamados pecados de flaqueza. Aquí es donde empiezan las dificultades prácticas contra la santa confesión; en cierto sentido se vuelven tanto mayores cuanto más crece el alma en pureza y se acerca a Dios. Para ambas clases de almas valen las reflexiones siguientes sobre la manera y modo como debemos hacer la confesión frecuente. Empezamos con el **propósito**.

A) *El propósito*

Para que la confesión frecuente sea no sólo válida y digna, sino también positivamente constructiva, eficaz respecto al crecimiento de la vida interior, vale la siguiente norma directriz: En la santa confesión se acusará aquello contra lo que conscientemente estamos resueltos a trabajar con firmeza. Con esto, el punto central de la confesión frecuente lo ocupará el propósito.

1. El propósito es inseparable del arrepentimiento; brota del buen arrepentimiento con intrínseca necesidad, como su fruto maduro. Siendo una parte del arrepentimiento el propósito, es éste, como el arrepentimiento mismo, un elemento esencial y absolutamente necesario de la confesión.

Hay que distinguir entre el propósito expreso y el que está incluido en el arrepentimiento. Este último no es ningún acto nuevo de la voluntad, separado del acto del arrepentimiento, sino que está incluido en el dolor que va anejo al arrepentimiento y a la detestación del pecado. Basta para la recepción válida del sacramento de la penitencia. Así, pues, si antes de la acusación se ha hecho un acto serio de arrepentimiento, aun sin pensar en el propósito y sin formularlo, ya la confesión es válida, porque el propósito necesario va incluido en el arrepentimiento. Pero si se quiere hacer más fructuosa la confesión y convertirla en medio de progreso interior y de santificación, será necesario el propósito *expreso*, separado del acto del arrepentimiento. El propósito expreso puede ser general o especial. *General*, lo es cuando se refiere a todos los pecados veniales o, al menos, a todos los pecados veniales de que se acusa en aquella confesión. El propósito *especial* es la voluntad de evitar o de combatir seriamente determinados pecados veniales o faltas.

Para la *validez* de la confesión de pecados exclusivamente veniales basta el propósito de querer evitar o combatir los pecados confesados o al menos *uno* de los mismos; también es suficiente el propósito de abstenerse de una determinada clase de pecados veniales; y, finalmente, basta el propósito de evitar en lo posible, o por lo menos disminuir con mayor celo, el número de los pecados veniales no deliberados, es decir, los llamados pecados de flaqueza. No es necesario el propósito de evitar en absoluto los pecados veniales, como debe ser el propósito respecto de los pecados mortales: es suficiente el propósito de combatirlos o de emplear los medios necesarios para disminuir al menos su número y su frecuencia.

2. Muchos de los que se confiesan frecuentemente incurren en la falta de no hacer propósito serio respecto de gran parte de los pecados que confiesan. San Francisco de Sales dice que es un abuso confesar un pecado que uno no está resuelto a evitar o al menos a combatir en serio [1]. Desgraciadamente, este abuso se ha convertido en práctica, sobre todo en la confesión hecha por costumbre, en la que cada vez se acusa uno de lo mismo, sin ningún progreso, sin disminución del número o de la clase de pecados veniales, sin ningún enérgico rechazo del pecado, sin aumento de celo para aspirar al bien. Aquí tiene que haber alguna falta. Lo que falta es el propósito. Se adquiere la costumbre de acusarse de estos o de aquellos pecados veniales, sin pensar seriamente en luchar con energía contra ellos. Hay un propósito general o incluido en el acto mismo del arrepentimiento, y por lo mismo la confesión es válida; pero fructuosa, constructiva, propulsora de la vida interior, apenas podrá serlo una confesión así hecha. En este punto tienen los confesores una responsabilidad respecto a los que se confiesan con frecuencia; pero no solamente los confesores, sino ante todo los penitentes mismos.

Por eso las almas más puras y aprovechadas no se acusarán en la confesión frecuente de faltas, infidelidades o pecados de flaqueza que no estén resueltas con toda su voluntad a evitar o a combatir. Mas no es posible, al mismo tiempo y duraderamente, concentrar con constancia toda la atención y fuerza en gran número de puntos, de faltas y flaquezas. Por eso debe guardarse esta regla fundamental: Poco, pero bueno, con toda seriedad y voluntad, con

---

[1] *La vida devota,* 2, 19.

constancia y perseverancia. *Divide et impera:* dividir para vencer. Por lo mismo, a tales almas les será necesario limitar el propósito de su confesión a pocos puntos; mejor, a una sola falta contra la que quieran luchar, a un solo punto que tengan siempre a la vista, en el que quieran concentrar todo su esfuerzo. En primer lugar, lo necesario en aquel momento, lo importante, aquello que en aquellas circunstancias es lo principal para ellos. Mucho depende de que este propósito sea bien escogido y formado.

Estas almas deben procurar especialmente formar un propósito *positivo,* es decir, encaminado a la práctica de una virtud determinada. La manera de vencer nuestras faltas y debilidades no es ocuparnos continuamente de ellas y combatirlas, sino mantener nuestra mirada siempre dirigida al bien positivo, a lo santo, y buscarlo conscientemente. Las almas que verdaderamente aspiran a la perfección luchan ante todo por el amor puro a Dios y a Cristo; el amor a Dios es amor al prójimo, amor que soporta, perdona, ayuda, sirve, llena de dicha, da fuerza para amar al prójimo. Ponen sus miras en la pureza de la intención y en los motivos de sus actos. Se proponen vivir de la fe y considerar como disposición o consentimiento de Dios todo cuanto aporta la vida cotidiana. El amor a Dios y al Redentor las hace fuertes para los sacrificios diarios, grandes y pequeños, fuertes para la paciencia, para la verdad, para la vida de comunidad, para la sumisión humilde a la cruz impuesta por las circunstancias, las enfermedades, la propia debilidad e insuficiencia, los muchos fracasos, las dificultades de la vida interior, el estado de sequedad, de vacío o frialdad interior, el cansancio e indisposición física, la repugnancia a la oración, etc. El amor da fuerzas para ello. «La caridad es sufrida, dulce y bienhechora. La caridad no tiene envidia, no obra precipitada ni temerariamente, no se ensoberbece, no es ambiciosa, no busca sus intereses, no se irrita, no piensa mal... A todo se acomoda, cree todo

24

el bien del prójima, todo lo espera, y lo soporta todo...
Corred con ardor para alcanzar la caridad» (I Cor
13, 4 ss), el amor santo a Dios y a Cristo. En la
caridad está toda virtud.

El propósito, en primer lugar, tiene que ser *prácticamente realizable*. En este punto se falta de muchas
maneras. Se hace, por ejemplo, este propósito:
No quiero tener más distracciones en la oración, no
quiero ser quisquilloso, no quiero tener más pensamientos de orgullo, etc. Éstos son meros propósitos,
prácticamente irrealizables, que sólo sirven para
acumular nuevas ruinas sobre las antiguas. Para
nosotros, los humanos, que vivimos en esta tierra,
no se trata de no tener ninguna distracción en la
oración, de no experimentar ningún movimiento de
irritación, de no ser sensibles a los disgustos e injusticias, de no tener ningún pensamiento de orgullo...
Se trata solamente de que las distracciones, las irritaciones, etc., no sean voluntarias, y de que cuando
nos demos cuenta de ellas las combatamos. Fórmese,
pues, un propósito que realmente pueda llevarse a
la práctica, por ejemplo: Me propongo, en cuanto
note que estoy distraído, recogerme; tan pronto
como note una irritación, haré un acto de paciencia,
de conformidad con la voluntad de Dios; siempre
que me suceda algo desagradable, me dirigiré al
Señor diciendo: «Señor, ayúdame», o «por tu amor
quiero soportarlo.» Si se aspira a más, el propósito de nada servirá. Sólo recogeremos desengaños
y desaliento.

El propósito tiene que ser *adaptado a las necesidades* y circunstancias del momento. Debe tener
como objeto una falta que me da mucho que hacer
y que he de combatir con todo afán; tiene que tomar en consideración la corriente interior de la
gracia, que tan frecuentemente toma por punto de
partida algún misterio de Cristo, de la liturgia o del
año eclesiástico, una vivencia íntima, la meditación,
la lectura espiritual, una inspiración interior, etc.

El propósito no ha de cambiar, ni debe cambiar

en cada confesión; pero, si no varía, debe renovarse, *afianzarse y profundizarse* en cada confesión. Como regla general, debe conservarse y renovarse en cada confesión hasta que la falta que ha sido objeto del propósito sea vencida eficazmente con cierta seguridad y constancia, de manera que se haya debilitado notablemente su predominio; a menudo el propósito deberá conservarse hasta que cambien las circunstancias exteriores. Ciertas faltas exteriores, como la curiosidad de los ojos, el quebrantamiento del silencio o faltas contra la caridad, tendrán que ser combatidas con un propósito especial hasta que se haya logrado que una costumbre opuesta adquiera predominio. A ello contribuyen poderosamente el examen particular y la meditación diaria.

El propósito puede también relacionarse directamente con determinados *medios* con los que se quiera resistir a una falta. Así, para mejor sustraerse a las distracciones en la oración, puédese formar el propósito de hacer más fielmente la meditación; o, para contrarrestar los movimientos de impaciencia, de crítica y de falta de caridad, hacer el propósito de estar más en la presencia de Dios y de Cristo, y dominar los sentidos.

No se olvide que la buena voluntad es una voluntad actual, y que por lo mismo es verdaderamente conciliable con el *temor*, más aún, con la previsión verosímil de una recaída, al menos en faltas inconscientes. Siempre tenemos que contar con el importante artículo de fe de que al hombre, aun cuando se halle en estado de gracia santificante, «sin privilegio especial de Dios, como lo enseña la Santa Iglesia respecto de la Virgen María, no le es posible evitar durante toda la vida todos los pecados veniales» [1]. De modo que no se trata de que no incurramos ya en ninguna falta, sino de que no seamos indiferentes a las faltas e infracciones, a sus causas y raíces, de que las rechacemos enérgicamente, de que

---

[1] Concilio de Trento, sesión 6, can. 23.

jamás hagamos las paces con ellas y de que lleguemos a las alturas del santo amor de Dios.

B) *La confesión (acusación)*

1. El Concilio de Trento subraya el hecho de que los pecados veniales *no necesitan* confesarse. «Con razón y provecho se confiesan, pero pueden callarse sin culpa, y ser perdonados y expiados por muchos otros medios» (sesión 14, cap. 5.º).

Objeto de la confesión, sólo pueden serlo pecados, y pecados cometidos después del bautismo. Lo que no es pecado no puede confesarse. Así, sólo pueden confesarse los pecados cometidos con conocimiento y voluntad, los llamados pecados veniales deliberados o intencionados; asimismo los llamados pecados de flaqueza, en que incurrimos por culpable precipitación, por excitación momentánea, por irreflexión, por falta de dominio sobre sí mismo o por ligereza, aunque no con plena libertad. No es necesario confesar el número y las circunstancias que agravan los pecados veniales; sin embargo, sería conveniente tenerlos en cuenta e incluirlos en la confesión al tratarse de faltas más importantes y arraigadas. Son circunstancias agravantes, por ejemplo, mostrarse falto de caridad para con un bienhechor inmediatamente después de comulgar. Antes se discutía si podían o debían confesarse también las llamadas imperfecciones, por ejemplo, el haberse defendido cuando hubiera sido más perfecto (aunque no un deber) el callar; el permitirse algo cuando hubiera sido mejor renunciar a ello. Hoy es usual y corriente confesar también las imperfecciones, primero porque en el fondo de ellas generalmente se oculta algún descuido, y luego porque su conocimiento es útil al confesor para la dirección espiritual. Las distracciones realmente no queridas, *involuntarias,* en la oración, movimientos de impaciencia, pensamientos que afloran contra la caridad, sentimientos de desamor, antipatías, juicios, si con seguridad son indeliberados e involuntarios, no son objeto de confesión.

2. Los que seriamente se dedican a la vida espiritual, sobre todo los religiosos, que por vocación están obligados a una vida de perfección cristiana, después de haber pasado los comienzos de la vida espiritual, deberán confesar de ordinario aquellos pecados y faltas contra los que están resueltos a luchar conscientes de su fin. Así, pues, no confesarán todas y cada una de las faltas e imperfecciones que hayan cometido, sino tan sólo aquellas contra las que va enderezado su propósito. Propósito y confesión (acusación de los pecados) corren parejas. También aquí tiene su aplicación aquello de que no mucho y variado, sino poco y, eso, bien; *non multa, sed multum*. De las faltas cotidianas e infidelidades, se escogerá aquella que pertinazmente tiende a arraigarse, que con mayor conciencia y voluntad se comete, que nace de una costumbre torcida o de una inclinación y pasión perversa, aquella con la que uno más da que sufrir a su prójimo. Esta *acusación limitada* es de aconsejar especialmente a aquellos que, a pesar de todos sus buenos deseos, a veces se olvidan de ello; a aquellos que tienen faltas habituales, faltas de temperamento de índole más seria; a los que se sienten enervados y flojos, sin fuerza interior y sin verdadero deseo de aspirar a la virtud; a aquellos que se hallan en peligro de volverse tibios y descuidados; a los que sólo con dificultad se libran de determinadas faltas; finalmente, también a aquellos que con facilidad se ven atormentados por la duda de si han tenido suficiente dolor y arrepentimiento de los pecados cofesados.

«Así, pues, nosotros no hacemos sino interpretar según nuestras propias opinones la ley de Dios al imponernos como deber el recitar toda una letanía de pecados veniales, de minuciosas circunstancias e historias. Exponer todo eso por completo es sencillamente imposible. De ahí un sinfín de angustias y escrúpulos que tan sólo se fundan en que por verdadera imposibilidad hemos omitido algo de lo que sin ningún pecado, con plena libertad, hubiéramos podido callar» [1]. En el afán de confesar todos los pecados veniales, además de mucho desconocimiento e incomprensión, hay también mucho egoísmo y orgullo: es que queremos estar satisfechos de nuestro obrar y de nuestra confesión, queremos poder extendernos el certificado de haber dicho todo cuanto podíamos decir. Muchas almas, además, se hacen así la ilusión de que por el mero hecho de haberse confesado ya está todo en orden. ¡Qué error tan perjudicial!

El conocimiento de la *raíz* de los pecados veniales, ante todo la de la falta principal, y el conocimiento de las *ocasiones* que originan determinadas faltas, puede ser útil al confesor. Conviene hablar de esto de cuando en cuando en la santa confesión.

3. En la práctica hay varios medios de hacer bien y fructuosamente la acusación, y de ahondar y simplificar la confesión frecuente. Unos confiesan todas las faltas o, al menos, las más importantes cometidas desde la última confesión. Así lo harán muchas almas con razón y provecho.

Pero en el caso de almas que con verdadera seriedad buscan a Dios, trátese de seglares, sacerdotes o religiosos, creemos que debemos indicar los siguientes medios: Puede uno partir de una falta determinada, cometida después de la última confesión. En tal caso, la confesión se desarrollará así: «Con plena conciencia he juzgado y hablado con poca caridad; durante mi vida entera he pecado, de pensamiento y de palabra, con juicios poco caritativos contra el amor al prójimo, y me acuso de todos estos pecados de mi vida; me acuso asimismo de todos los demás pecados y faltas de los que me he hecho culpable

---

[1] Lehen, *Weg zum inneren Frieden*, p. 93.

ante Dios.» Es una manera muy sencilla y provechosa de acusarse en el supuesto de haberse esforzado por despertar un serio arrepentimiento. Del
arrepentimiento brota naturalmente un claro y concreto propósito: «Trabajaré para eliminar todo juicio y palabra deliberadamente faltos de caridad».

Una segunda manera de acusarnos: partir de un
determinado mandamiento, o de una pasión, una
costumbre, una inclinación; siempre de un punto
que, en el momento actual, es de gran importancia
para la aspiración interior. Entonces la confesión
se hará de esta manera: «Me excito fácilmente por
cualquier cosa; los demás me irritan en seguida;
hablo y censuro y doy rienda suelta a la antipatía
y al mal humor. Me acuso de haber cometido de esta
manera muchas faltas en mi vida. Me acuso también
de todos mis demás pecados y faltas de que me he
hecho culpable delante de Dios.» Es también una
manera fácil y provechosa de confesión; ella presupone y exige que el penitente, consciente del fin,
y por largo tiempo, fije la atención en un pecado
determinado, en la raíz de determinadas faltas o
en un punto importante para su vida interior. Lo
decisivo, también en este caso, es el arrepentimiento.
Esta manera de confesarse hace relativamente fácil
al confesor el tratar al penitente de una manera
personal y ayudarle en sus esfuerzos.

Finalmente, se puede tomar por punto de partida
el haber pecado, por ejemplo, contra uno u otro
mandamiento: «He pecado a menudo y mucho por
impaciencia, por falta de dominio de mí mismo,
por mal humor, por sensualidad. Me acuso también
de todos los otros pecados mortales y veniales de
toda mi vida».

De lo dicho resulta lo siguiente: Quien quiera
practicar la confesión frecuente bien y con todo el
fruto posible, tiene que mantener buen orden en su
vida interior. Debe ver con claridad qué puntos son
importantes y esenciales para él; debe conocer sus
propias imperfecciones y modelarse a sí mismo de

un modo consecuente. Si también el confesor, comprensivo y lleno de santo interés por el crecimiento espiritual de su penitente, colabora con él de un modo consecuente, la confesión frecuente será un medio excelente para edificar y perfeccionar la vida religioso-moral, para identificarse con Cristo y con su espíritu.

C) *El examen de conciencia*

1. El examen de conciencia para la recepción del sacramento de la penitencia está muy estrechamente relacionado con la práctica del examen de conciencia en general.

Mientras que los maestros de la vida del espíritu, empezando por los antiguos monjes y continuando hasta los de nuestros días, consideran y tratan el examen de conciencia, ya el general, ya el particular, como un elemento esencial de la vida cristiana verdaderamente devota, existen hoy ciertos sectores católicos que no quieren saber nada de un examen de conciencia que llegue a los detalles. Ante todo, rechazan el examen particular de conciencia y quieren reemplazarlo por una «simple ojeada» al estado del alma. No ven que, al menos para los principiantes, es en absoluto necesario descender a lo particular si es que quieren conocer y enmendar sus faltas y las raíces de las mismas, las diversas pasiones y torcidas actitudes interiores. Cabalmente, los principiantes están expuestos al peligro de contentarse con una mirada superficial, que no va al fondo de la conciencia y que deja subsistir las pasiones, las costumbres torcidas, etc. «Cuán vergonzoso sería si también en este punto tuviese aplicación la palabra de Cristo: Los hijos de este mundo, a su manera, son más prudentes que los hijos de la luz. ¡Con qué afán se cuidan de sus negocios! ¡Cuán a menudo comparan los gastos con los ingresos! ¡Qué exacta y qué estricta es su contabilidad!» (Pío X, *Exhortación*).

A los sacerdotes y a los religiosos impone la Iglesia como deber el examen diario de conciencia, y reprueba expresamente la doctrina de Miguel Molinos de que «es una gracia no poder ver las propias faltas» (Dz, 1230). Fue la conocida quietista señora Guyon la que opinó que basta sencillamente «exponerse» a la luz divina. Es característico que los escritores modernos, hasta para la autoeducación humana puramente natural, insisten de forma terminante sobre una especie de examen de conciencia puramente natural.

2. Con razón recalcan los maestros de la vida espiritual que el examen de conciencia es necesario e indispensable para la purificación del alma y para el adelanto en la vida de perfección. Sin un examen de conciencia bien ordenado, apenas nos damos cuenta a medias de nuestras faltas. Éstas se acumulan; las malas inclinaciones y las pasiones perversas se hacen más fuertes y amenazan seriamente la vida de la gracia. Sobre todo, la caridad santa no podrá desarrollarse plenamente.

El examen de conciencia ofrece diversas posibilidades: se propone como fin solamente el conocimiento de los pecados veniales —no se trata ahora de los mortales— que se cometen con conciencia plena, o también el conocimiento de los pecados de flaqueza, poco o apenas conocidos; o, finalmente, reflexiona cómo se hubiera podido y debido corresponder mejor a la gracia. Es claro que un examen de conciencia bueno y acertado tan sólo podemos hacerlo con el auxilio de la gracia sobrenatural.

El examen general de conciencia pasa revista a todos los actos del día, pensamientos, sentimientos, palabras y obras. Cuando se hace regularmente, este examen de conciencia no es difícil: uno sabe en qué punto suele cometer falta, y así sin esfuerzo especial se da cuenta de las faltas eventuales del día. Caso de haber una infracción especial, ésta de todos modos atormentaría al alma que seriamente busca la perfección. Si hay verdadera vida religiosa, no tiene uno que ser minucioso en este examen de sí mismo. Más importante es el acto de arrepentimiento. En este punto es donde siempre se puede dar más vida y profundidad al examen de conciencia. Del arrepentimiento brota el propósito, que de ordinario terminará en el propósito de la confesión.

El examen general de conciencia se completará mediante el llamado examen particular: éste se ocupa durante largo tiempo de una falta previamente determinada que se quiere vencer o eliminar, o de una virtud determinada a que se propone llegar. El examen de las faltas se orienta primeramente hacia las exteriores, que molestan o fastidian al prójimo; después hacia las interiores, las faltas de carácter propiamente dichas, hacia el punto débil en nuestro ser y en nuesra vida. Cuando se incurra ya en la falta solamente raras veces o en ocasiones determinadas, será conveniente pasar al examen positivo de determinados actos de virtud, examen que, al progresar en la vida del espíritu, presenta cada vez más la forma de fortalecimiento de la voluntad en dirección a una determinada virtud, y la forma de una súplica a Dios para fortalecernos y perfeccionarnos en esta virtud, por ejemplo, en el amor de Dios y del prójimo, en el espíritu de fe, humildad y vida de oración. Con el objeto del examen particular coincidirá normalmente también el propósito propio y especial de la confesión frecuente. Por eso precisamente, para las almas religiosas y celosas, es muy importante el examen particular, sobre todo en la forma que acabamos de indicar: consolidación y ahincamiento de la voluntad en la virtud.

3. No es suficiente conocer sólo los actos, las faltas. Igualmente importante — incluso más importante — es examinar las actitudes interiores y los sentimientos. Para ello sirve el llamado examen de conciencia «habitual», es decir, el dirigir

33

una ojeada breve, frecuente, al propio interior, observar la inclinación, la tendencia momentánea dominante en el corazón, el sentimiento, las aspiraciones que por entonces prevalecen en él. Entre los muchos sentimientos que luchan en el corazón del hombre y le asaltan, hay siempre un sentimiento que domina, que da su orientación al corazón y determina sus movimientos. Ya es un deseo de alabanza, ya el temor de alguna censura, de alguna humillación, de algún dolor, ya celos o amargura por alguna injusticia sufrida, ya una desconfianza, un afán desordenado de trabajo, de salud. Otras veces es un estado de cierta falta de energía, de desaliento ante ciertas dificultades, fracasos y experiencias. Mas este sentimiento dominante podrá ser también el amor a Dios, el afán de sacrificarse en un arranque de celo ardoroso, en la alegría de servir a Dios, en la sumisión a Dios, en la humildad, en la aspiración a la mortificación, en la entrega a Dios: «¿Dónde está mi corazón?» ¿Cuál es la inclinación capital que lo determina, cuál es el verdadero resorte que pone en movimiento todas las partes del conjunto? Puede ser una inclinación larga y duradera, una simpatía, una amargura, una antipatía; puede ser una impresión momentánea, tan profunda y tan fuerte, que siga vibrando después largo tiempo en el corazón. Preguntamos: «¿Dónde está mi corazón?» De esta manera frecuentemente comprobamos la inclinación momentánea, la orientación del corazón, y avanzamos hasta el centro de donde emanan los diversos actos, palabras y obras. Así es como llegamos a conocer los principales sucesos tanto en el bien como en el mal.

Este conocimiento sirve para el examen de conciencia, tanto particular como general, y para el examen de conciencia de la santa confesión. Sin dificultad descubrimos lo que es importante y esencial para nuestro esfuerzo, nos arrepentimos, damos gracias a Dios al ver orden en nuestros sentimientos íntimos, imploramos de Dios la gracia y fuerza. Descubrimos lo que hemos de tener en cuenta para la acusación en la santa confesión y para el propósito; vemos cómo en general con esta rápida mirada interior habitual, siempre y siempre renovada, comenzamos y afianzamos el examen de conciencia, particular y general.

4. El examen de conciencia para la confesión frecuente no se extenderá a todas las faltas cometidas desde la última confesión, sino que tendrá en cuenta y examinará ante todo el propósito de la última confesión o el objeto del examen particular, para ver si hemos trabajado, y hasta qué punto, por realizar este propósito. Si en el transcurso de la semana hubiese sucedido algo muy particular, si hubiésemos cometido una falta grave, no nos dejará descansar nuestra conciencia. La integridad del conocimiento de las faltas ocurridas queda asegurada por el examen general de conciencia. Por lo mismo, no es necesario que el examen de conciencia para la santa confesión se extienda a todos y cada uno de los pecados veniales cometidos desde la última confesión. Por ahí vemos que el examen de conciencia en la confesión frecuente pide y presupone el examen general y particular, y el examen «habitual» antes mencionado.

«Los pecados veniales pueden callarse sin culpa en la confesión y ser perdonados por otros medios» (Conc. Trid., ses. 14, cap. 5.º). Si, pues, no estamos obligados a acusarnos de los pecados veniales, quedamos en entera libertad de acusarnos o no de ellos o determinar de cuáles hemos de acusarnos. Así pues, hablando con todo rigor, es suficiente un examen de conciencia en que me acuse de algún pecado venial que haya cometido en mi vida. Por eso no hay obligación alguna de hacer un examen de conciencia que incluya todos los pecados veniales cometidos, por ejemplo, desde la última confesión. Expresamente enseña la Moral católica: Para el examen de conciencia antes de la santa confesión no es necesaria «una diligencia extraordinaria, aun cuando mediante ella hubiera uno de descubrir más pecados. Quien sabe que desde la última confesión no ha cometido pecado mortal alguno, no está estrictamente obligado a examen de conciencia; le basta con tener materia suficiente para la absolución« (GÖPFERT III, n. 119).

También en el examen de conciencia es muy importante que distingamos lo más necesario de lo menos necesario, lo esencial de lo menos esencial, lo importante de lo no importante. Una semana puede de un punto resultar de importancia especial; puede presentarse la ocasión de un pecado, o un impulso torcido extraordinariamente fuerte, una dificultad, una vivencia que reclama una lucha especial o que se ha convertido en ocasión de amargura, de aversión, etc. Ahí tiene su campo el examen de conciencia. Cuanto más se limite el examen de conciencia a los puntos importantes y mejor se relacione con el propósito y con la acusación, tanto mayor será su valor. Por eso en la confesión frecuente no hay necesidad de un examen de conciencia hecho, por ejemplo, siguiendo los diez mandamientos o el «espejo de la conciencia».

D) *El dolor*

1. Respecto del arrepentimiento propio de la confesión de pecados exclusivamente veniales (y de los ya debidamente confesados, sean veniales o mortales), son aplicables los mismos principios que respecto del arrepentimiento de los pecados veniales en general. Sin arrepentimiento no hay perdón.

Materia del arrepentimiento exigido para la confesión frecuente sólo puede ser aquello que puede ser materia de acusación y absolución: el pecado, es decir, la transgresión consciente, deliberada, de un mandamiento divino. Lo que no es pecado no puede ser objeto de arrepentimiento, aun cuando podamos y debamos lamentarlo.

Para la válida y digna recepción del sacramento de la penitencia es necesaria y suficiente la llamada atrición sobrenatural. Nace de los motivos sobrenaturales: del temor al castigo en esta vida (perder la gracia, no lograr lo que en la vida espiritual habríamos debido alcanzar) y después de esta vida (dilación en ser admitidos a la posesión de Dios, disminución del grado de la bienaventuranza eterna que hubiéramos podido alcanzar). Sería una exageración el descuidar en general estos motivos imperfectos, algo egocentristas. Pero no hemos de atascarnos en ellos, sino esforzarnos conscientemente por adquirir una contrición perfecta. Ésta va más allá del propio yo, del propio provecho y perjuicio, de la ventaja y desventaja personal, y mira únicamente a Dios, quien se ha ofendido con el pecado, cuyos mandamientos, honra, interés, voluntad, deseo, aspiración hemos pospuesto en el pecado venial a nuestro propio gusto o disgusto o humor. Lo decisivo en el arrepentimiento, aun en el perfecto, no es el sentimiento, sino únicamente la voluntad: yo quisiera no haber jamás pecado; yo quisiera no haber pensado, dicho, hecho ni omitido esto o aquello.

2. Para que la confesión frecuente sea válida, basta arrepentirse de un solo pecado venial o de una determinada clase de pecados veniales de que nos confesamos, aun cuando nos acusemos además de otros pecados veniales de los que no nos hayamos arrepentido. Además, basta arrepentirnos, por lo menos, de la despreocupación o negligencia con que nos entregamos al pecado venial o no nos cuidamos de evitar faltas cometidas por precipitación.

Mas quien se confiese con frecuencia no se contentará con una confesión simplemente válida, sino que aspirará a una *confesión buena* que ayude al alma eficazmente en su aspiración hacia Dios. Para que la confesión frecuente logre este fin, es menester tomar con toda seriedad este principio: Sin arrepentimiento no hay perdón de los pecados. De aquí nace esta norma fundamental para el que se confiesa con frecuencia: No confesar ningún pecado venial del que uno no se haya arrepentido seria y sinceramente.

Hay un *arrepentimiento general*. Es el dolor y la detestación de los pecados cometidos en toda la vida pasada. Ese arrepentimiento general es para la confesión frecuente de una importancia excepcional. Al confesarnos debemos incluir conscientemente en el dolor todos y cada uno de los pecados, mortales y veniales de toda clase, y poner todo nuestro empeño en hacer un acto de contrición realmente bueno. Ese arrepentimiento ha de ser el mayor posible, aun respecto a los más pequeños pecados e infidelidades, tanto desde el punto de vista del juicio que formemos de ellos, considerándolos como el mal mayor, como por lo que respecta a la fuerza del acto de la voluntad con que los detestemos. Que el pecado de que nos hayamos arrepentido ya (y que haya sido perdonado) pueda ser de nuevo objeto de arrepentimiento, se comprende por sí mismo. En cierto sentido subsiste siempre el deber de arrepentirse del pecado cometido, pues «siempre tiene que desagradar al hombre el haber pecado» (Santo Tomás de Aquino, *Suma Teológica,* III, cuest. 84, art. 8). Caso de aprobarlo, pecaría, como observa Santo Tomás. Por eso, en la confesión frecuente, debemos dar especial importancia a un arrepentimiento profundo que abarque toda nuestra vida pasada. Cuanto mayor importancia demos al arrepentimiento, con tanta mayor seguridad llegaremos a esa actitud de contrición, tan importante para la vida interior, que cabalmente ha de ser el fruto de la confesión frecuente. Para ésta se ha de recomendar en absoluto este arrepentimiento general, y esto por doble motivo: Primero, para llegar a un verdadero acto de contrición. Una falta cualquiera cometida desde la última confesión o un solo pecado venial de la vida pasada, que «incluimos» ya en la confesión, no posee, en general, fuerza suficiente para inculcarnos el pleno significado del pecado de tal manera que nos mueva, por amor a Dios sobre todo, a un acto de arrepentimiento perfecto, de la mayor intensidad posible. Será muy diferente, si nosotros con *una sola* mirada vemos en conjunto todo lo que en nuestra vida hemos faltado o pecado. Así podremos suscitar en nosotros un acto de aborrecimiento de lo que hemos hecho; un acto de odio contra lo mismo; un acto de dolor por haber sido injustos y desagradecidos con Dios; un acto de aversión interna al pecado con la firme resolución de evitarlo y expiarlo. El segundo motivo es éste: va contra la veneración debida al santo sacramento el que junto con determinados pecados veniales de los que nos hayamos arrepentido confesemos otros de los que no nos arrepentimos.

Con este arrepentimiento general de todos los pecados de nuestra vida es natural que unamos un arrepentimiento de cada uno de los pecados y faltas que al presente nos preocupan e interesan de manera especial; un arrepentimiento de las faltas contra la caridad, faltas graves, arraigadas, persistentes, nacidas de nuestro defecto principal o de alguna inclinación o costumbre muy fuerte y torcida.

Tal arrepentimiento servirá para dar más vida y profundidad a la confesión frecuente, y será un medio de defensa contra un empobrecimiento de la misma.

3. El sacramento de la penitencia es el más personal de los sacramentos. Y lo es también en el sentido de que, en la confesión, el juicio personal de los pecados y faltas desempeña un papel decisivo. Cuanto más nos elevemos hacia Dios, tanto más conoceremos nuestras propias faltas y los ocultos impulsos de nuestro corrompido corazón. Cuanto más se una el alma a Dios, tanto mejor comprenderá la palabra divina: «Si dijéramos que no tenemos pecado, nosotros mismos nos engañaríamos» (1 Ioh 1, 8). Logrará una comprensión más profunda de la santidad y pureza de Dios; una sensibilidad más fina para advertir la más ligera desviación del querer y voluntad de Dios y de lo que el alma le debe; sensibilidad para

notar cómo con alguna de sus palabras, con sus acciones u omisiones, ha perjudicado a otros en lo espiritual; sensibilidad para ver lo que son los pecados de omisión y cuán inmensamente extenso es el campo de éstos; comprensión para ver lo que significa abusar de la gracia de Dios, pues si debidamente la hubiesen aprovechado, con ello hubieran ganado muchas almas, hubiera ganado la Iglesia entera. Es algo grande la delicada conciencia de un alma santa. En este terreno florecerá un arrepentimiento, un espíritu de arrepentimiento, que de la recepción frecuente del sacramento de la penitencia hace una necesidad y una fuente de bendiciones para el alma.

E) *La satisfacción (penitencia)*

1. La satisfacción es la aceptación de obras de penitencia (oraciones, ayunos, limosnas) para cancelar las penas temporales debidas por los pecados. Si estas obras de penitencia han sido impuestas por el sacerdote en el sacramento de la penitencia, se trata de una satisfacción sacramental que en virtud del sacramento cancela las penas temporales de los pecados. Es más perfecta y eficaz que la no sacramental, es decir, que la satisfacción impuesta fuera del sacramento o escogida libremente. Cuantas más obras de penitencia impuestas en el sacramento aceptemos con propósito de cumplirlas, con tanto mayor seguridad, perfección y eficacia cancelaremos las penas temporales que ordinariamente quedan después del perdón de la culpa, sobre todo las penas del purgatorio.

2. Respecto de la aceptación y cumplimiento de la penitencia, valen para la confesión frecuente las mismas normas fundamentales que para toda otra confesión. Son éstas:
a) El penitente está obligado en conciencia a aceptar y cumplir la penitencia impuesta por el confesor.

b) No es necesario que la penitencia se cumpla antes de la absolución o antes de la sagrada comunión que sigue a la confesión.

c) Si alguno reza la oración de la penitencia con distracción consciente, la penitencia impuesta queda cumplida y ejecutada la satisfacción sacramental.

d) Si alguno, con culpa o sin culpa, ha olvidado la penitencia impuesta, no por eso está obligado a repetir la confesión. Si uno supone que el confesor se acuerda todavía de la penitencia que le ha impuesto, puede volver a preguntarle, mas no está obligado a hacerlo. Pero el santo celo que nos impulsa a la confesión frecuente nos instigará, cuando no podamos acudir al confesor, a imponernos a nosotros mismos la correspondiente penitencia.

e) Si el confesor se olvida de imponer penitencia — cosa que puede acontecer —, hay que recordárselo. Si no podemos hacerlo, asignémonos nosotros mismos la penitencia.

3. Consuena con el espíritu de la santa confesión el sobrellevar los esfuerzos diarios, los sacrificios, los sufrimientos, los trabajos y deberes con una intención explícita de expiación. En el sacramento de la penitencia, según frase del gran Santo Tomás de Aquino, nos unimos «con el Señor que padece por nuestros pecados». Al recibir el sacramento de la penitencia, queremos tomar parte en la condenación a muerte que pronuncia el Señor sobre el pecado y realizar conscientemente este juicio en nosotros mismos, muriendo prácticamente con Cristo. Este *morir* con Cristo se realiza con un *espíritu de penitencia duradera,* que se extiende a los pecados cometidos para expiarlos. Al mismo tiempo se orienta hacia el porvenir dándonos fuerza y voluntad para sobrellevar con valor los esfuerzos, necesidades, padecimientos y dificultades de la vida y para aceptar los sacrificios que se nos imponen con espíritu de expiación, como participación en los dolores expiatorios, en la muerte expiatoria de Cristo, nuestro

Señor. El espíritu de penitencia es el dolor duradero del alma por los pecados cometidos, acompañado de la voluntad de expiarlos y elevarnos por encima de ellos a las altas regiones de la virtud y del amor de Dios. Esta actitud de penitencia, de consciente pesar de los pecados cometidos, de esfuerzo por la plena superación del pecado en nosotros, tiene una importancia fundamental para la verdadera vida cristiana. «Haced penitencia» (Mt 3, 4; Mc 1, 15). La penitencia es el camino que conduce al reino de Dios y es la puerta de entrada. Sin ella no hay ni camino ni puerta. La penitencia nos hace humildes y respetuosos para con Dios. Cuando el espíritu de penitencia está vivo en nosotros, la oración y la re- cepción de los sacramentos son más fervorosas, más profundas, más eficaces; cada día nos volvemos más agradecidos a aquel que nos perdona y nos libra del pecado. Experimentamos en nosotros la verdad de la palabra del Señor: «Amará más al acreedor el deudor a quien se perdonó más» (Lc 1, 43). El es- píritu de penitencia nos hace humildes para con el prójimo, mansos, suaves, dispuestos al perdón. Nos comunica delicadeza de conciencia y firmeza contra todo lo que es pecado y desorden. Cuando el espíritu de penitencia está vivo en nosotros, abre las fuen- tes de la santa alegría y de la libertad interior.

«Por sus frutos los conoceréis» (Mt 7, 16-20). «Todo árbol bueno produce frutos buenos» (ibídem 7, 13). El buen árbol es la confesión frecuente. Su fruto es el espíritu de penitencia. Servirá de índice, al confesor como al penitente mismo, respecto de la confesión que acostumbre hacer: ¿la hace bien y con provecho, o no la hace bien? Cuando la confesión frecuente se hace con verdadera comprensión y con toda el alma, infundirá espíritu de penitencia, nos moverá a expiar y satisfacer en unión con el Señor, que expía por nuestros pecados.

3. DIRECTORES ESPIRITUALES, CONFESORES Y PENITENTES

1. Por supuesto, los que se confiesan frecuentemente, además de los frutos y efectos principales del santo sacramento de la penitencia, buscan dirección en los caminos de la vida espiritual. Y con derecho. Todos sentimos que estamos necesitados de dirección espiritual. «Los principiantes, que salen de Egipto y quieren librarse de sus pasiones desordenadas, necesitan un Moisés que los guíe; los aprovechados, que quieren seguir a Cristo nuestro Señor y saborear la libertad de los hijos de Dios, necesitan a alguien que ocupe junto a ellos el lugar de Cristo y a quien puedan obedecer con sencillez» (San Juan Clímaco). ¿Quién querría ser su propio guía en las veredas santas, difíciles, llenas de responsabilidad y al mismo tiempo tan oscuras y misteriosas de la vida interior? «Quien a sí mismo se toma por maestro, se hace discípulo de un tonto», dice San Bernardo. Muchas almas celosas se han extraviado por falta de dirección. No todos pueden ver los caminos de la vida interior. Además, la vida cristiana, cuanto más perfectamente se vive, tanto más sacrificios, renuncias, esfuerzos y peligros de engaño lleva consigo. El alma necesita de una mano segura que sepa mantener firme su valor, que de nuevo la estimule, que resuelva sus dudas, que la ayude en medio de sus dificultades desalentadoras. La vida interior consiste sobre todo en el espíritu recto con que lo hacemos, lo omitimos, lo vemos, lo juzgamos y lo aceptamos todo; consiste en la prontitud para verlo todo con espíritu de fe y obrar en todo por motivos sobrenaturales. Pero la flaqueza principal, aun de las almas celosas y devotas, es precisamente que con facilidad piensan y juzgan a lo natural y a lo humano, y se dejan conducir por motivos naturales y humanos. Por lo mismo necesitan, en general, una

dirección que oriente su mirada y su aspiración una y otra vez hacia las altas regiones de la vida de la fe y hacia los motivos verdaderamente sobrenaturales. Y esta dirección es realizada actualmente, en general, por el confesor en la confesión frecuente. Pero al mismo tiempo no olvidamos que en último término es el Espíritu Santo el que guía las almas. El director espiritual se hace con el penitente como la madre que, cuando el niño aún no puede andar con seguridad, le tiende la mano para mantenerle en equilibrio. Le anima y estimula a observar y a seguir la corriente de la gracia y se cuida de que el alma no se desvíe de la dirección que le señala la gracia y no se extravíe.

2. Hay diferentes clases de directores de almas. Y cada cual tiene diferentes dotes: el uno se acomoda mejor a los principiantes, el otro, a los aprovechados, y el tercero, a los perfectos; el uno es experto en tratar los escrúpulos, el otro conoce bien las pruebas interiores del espíritu, los problemas de vocación, etc. «Difícilmente podrá ser uno mismo un buen director para todos, y aun para una sola persona durante toda la vida» (FABER, *Fortschritt der Seele,* 418). Un apropiado director espiritual es para el alma una gracia muy grande.

Generalmente es un mal el cambiar de director. Pero también es una exageración presentar un tal cambio como el mayor mal en la vida espiritual y equipararlo a la condenación eterna del alma. Faber no andará descaminado al decir que no es cosa deseable el que dependamos, de manera tan angustiosa, de nuestro director de conciencia. «Desde el momento en que no nos sentimos ya libres y holgados en nuestras relaciones con él, habrá él perdido el don de ayudarnos, sin culpa en ninguna de las partes. Ni la tentación, ni el escrúpulo, ni la mortificación, ni la obediencia han de infundirnos la más leve sensación de cohibición. Porque el fin de la dirección espiritual en todos los grados de la vida interior es

44

uno solo e inmutable: la libertad del espíritu» (FA-BER, O. C.).

3. El penitente debe un santo respeto a su director por ser éste el representante de Dios, revestido con la autoridad de Dios cabalmente para los más íntimos y sacrosantos intereses del alma. El respeto santo y sobrenatural preserva de todo desorden interior y exterior que pudiera deslizarse en las relaciones del director espiritual y el penitente.

Al respeto infantil y sobrenatural se unen una confianza filial y una completa sinceridad, que ponen de manifiesto ante el director de conciencia todo lo bueno y lo malo que hay en el alma. Además, al director espiritual se deben docilidad y obediencia. Sin embargo, esta obediencia es distinta de la que debe un religioso al superior. El falso concepto de la obediencia debida al director espiritual ha llevado ya a algunas almas a entregarse sin cuidado a un sentimiento de seguridad, como si hubieran traspasado, por decirlo así, su conciencia al director espiritual, como si en las cosas del alma no tuvieran ellas mismas que tomar la iniciativa, como si estuvieran exentas de toda responsabilidad, como si pudieran cargar sobre el director cosas que sólo podemos confiar a Dios, como si pudieran y debieran renunciar a su independencia, y limitarse a recibir en todo las indicaciones del director espiritual. Que en cuestiones importantes de la vida interior se consulte al director espiritual es cosa muy puesta en razón. Nuestras faltas e imperfecciones, la fuerza de nuestras pasiones, nuestras inclinaciones desordenadas, las tentaciones y secretas insinuaciones del maligno, nuestro orden de vida diario, nuestros desasosiegos interiores, etc., debemos exponérselos de manera que pueda apreciar nuestro estado de ánimo interior, aconsejarnos y prestarnos su ayuda. Pero de las cosas de cada día ha de responder y ha de querer responder cada cual.

El trato con el director espiritual debe limitarse a lo estrictamente necesario. No es admisible que le carguemos con asuntos que no pertenecen a su oficio, ni tampoco que acudamos a él sin haber meditado bien si hay realmente motivo y si podemos responder de ello ante Dios y ante nuestra conciencia. Las «conversaciones» y la confesión no debemos alargarlas más de lo necesario. No debemos obligarle a tener que hablar mucho. La vida espiritual crece tan lentamente que en ella no se presenta cada día algo nuevo que decir, a no ser que cada día emprendamos una dirección nueva haciendo de nuestra vida espiritual un variado y prolífero juego con ensayos siempre nuevos.

No robes al confesor y al director de conciencia mucho tiempo, sobre todo cuando hay otros que esperan su ayuda.

No hables de la confesión ni del confesor. Éste está obligado al más estricto silencio. Lo que él ha expuesto al penitente dentro de un contexto determinado, éste, por regla general, no lo repetirá igual. Tal modo de hablar degenera con mucha facilidad en injusticia contra el confesor y origina grandes males.

4. «Aun cuando Pablo conteste con gusto a preguntas casuísticas, el constante preguntar y apoyarse en autoridades no es para él el ideal cristiano. El afán constante de dirección, el recurrir con vacilación a resoluciones eclesiásticas, el agarrarse con angustia a la estola del confesor y del director de conciencia, sería para él la prueba de minoría de edad y de no querer asumir responsabilidad, cosa natural en los niños, pero indigna de un cristiano formado... En la epístola a los Efesios (4, 11 ss), designa Pablo como fin de toda cura de almas la perfección de los santos (cristianos) en las funciones de su ministerio, en la edificación del cuerpo de Cristo, hasta que arribemos todos a la unidad de una misma fe y de un mismo conocimiento del Hijo de Dios, al estado de un varón perfecto, a la medida de la edad perfecta según Cristo. Por manera que ya no seamos niños fluctuantes... antes bien en todo vayamos creciendo

en Cristo, que es nuestr...
madurez se refiere por u...
fuerza de resistencia mora...
sentidos, pero por otro l...
firme y personal en el co...
cristiana, que protege a ca...
y concepciones extraviada...
las gentes no es en modo...
pedagogía miope que en l...
religiosa y una expresión...
sentire cum Ecclesia (senti...
con preferencia y como ide...
cualquier pequeñez, recurra...
(ADAM, *Spannungen*, 106 ss).

4. LA FORMACIÓN DE LA CONCIENCIA

Dentro de nosotros llevamos nuestra conciencia. La sentimos como una fuerza santa, inviolable, a la cual tenemos que someternos; como una voz misteriosa que nos dice lo que tenemos que hacer y omitir, lo que nos es permitido hacer y lo que no nos está permitido; una voz que aprueba y ratifica nuestra decisión, nuestro obrar, o, al contrario, lo censura y condena y nos hace reproches siempre que hemos obrado contra sus mandatos.

1. La conciencia presupone una *ley*, una norma determinada de conducta moral. Esta ley es, en último término, la expresión de la voluntad legisladora de Dios, expresión que nos obliga y ata. Dice qué es lo que, según la voluntad santísima de Dios, se me exige, se me permite o se me prohíbe en mi obrar, y cómo, de qué manera debo obrar. Hay una ley eterna, inmutable, dada por Dios, una ley que ordena todo mi obrar hacia Dios como hacia su fin último. Esta ley eterna (*lex aeterna*) es la fuente primera de todas las leyes, así de la llamada ley moral natural y de la ley sobrenatural del Antiguo

mento, como de las leyes humanas
siásticas, en las que las dos primeras
su complemento.

y es la norma objetiva y exterior de la con-
. Pero hay además una manifestación interior
la ley en la conciencia del hombre, la cual le dice
o que en determinado momento tiene que hacer
u omitir: esa orden se transmite por medio de la
conciencia. Ésta viene a ser el fallo de la razón práctica: no el fallo sobre un suceso, sobre un hecho,
sino sobre el deber. Por ser un fallo de la razón práctica, la conciencia es un acto de conocimiento. En
este fallo influyen por supuesto también otras fuerzas y factores, las diversas inclinaciones, las pasiones,
la vida instintiva, el sentimiento, la voluntad, pero
de tal manera que la conciencia, en su esencia, sigue
siendo un acto de la razón práctica que conociendo
y exigiendo nos dice lo que en un momento dado
hemos de hacer u omitir.

La conciencia es *santa*, intangible, como un altar,
como un cáliz consagrado. Es, pues, algo que el
hombre debe mirar con reverencia. ¿Por qué es santa?
Porque está unida en lo más íntimo con el Dios santo:
es la voz de Dios en nuestro interior, voz que nos
atrae y avisa, amonesta e impulsa, premia y castiga.
Por eso *obliga* la conciencia, y no de cualquier manera, sino por completo y en absoluto, de suerte que
al hombre no le es permitido sustraerse a su mandamiento o a su prohibición. Reclama y obliga con la
autoridad de Dios, que por medio de ella habla.
Quien se alza contra la propia conciencia o contra
la ajena, se alza contra la majestad y soberanía de
Dios. La conciencia misma se levanta contra tal
atropello, porque es santa.

2. Con ello llegamos a una dificultad con la que
tropezamos siempre: La conciencia es sagrada y por
eso obliga en todos los casos, pero al mismo tiempo es *falible*. Si la conciencia fuera la voz directa
de Dios, no podría equivocarse nunca. El fondo de

la conciencia, esto es, la capacidad y la facilidad innatas de la razón práctica para conocer los primeros principios de la moralidad, es, desde luego, certero. Para todos es evidente el principio: «Obrar el bien y evitar el mal.» Sobre esta base de la conciencia (sindéresis) se van construyendo, mediante la enseñanza, la experiencia y el estudio, la ciencia moral *(scientia moralis* como hábito) y la conciencia actual; esto es, el juicio del valor y el mandato actuales respecto de lo que deba hacerse en un momento dado. Pero como ambas, la ciencia moral y la conciencia actual, sacan su conocimiento de fuentes humanas sujetas al error, son susceptibles de muchas equivocaciones. Es posible que la conciencia esté dominada por una opinión errónea hasta tal punto, que no pueda sacudirla (error invencible), pero hay también un error vencible, un error que el hombre puede vencer con el correspondiente esfuerzo y cuidado. En este caso, en el fondo del alma, junto al juicio relativo a la licitud o ilicitud de una cosa, surge el presentimiento de que la conciencia anda equivocada, y esto es como una advertencia para examinar de nuevo el asunto. No debe considerarse, pues, la razón sin más ni más como voz de Dios. ¿Qué hacer? Hay que superar el error vencible en cuanto sea posible mediante la propia reflexión, preguntando a otros u orando. Otra cosa es cuando el error es invencible. También aquí tiene valor el principio: «...todo lo que no es según la fe, pecado es» (fe: esto es, con conocimiento personal y seguro de que algo está permitido y es recto; Rom 14, 23). Se debe y puede seguir la conciencia invenciblemente errónea. Para el que yerra, acciones objetivamente buenas pueden convertirse en moralmente malas; acciones objetivamente pecaminosas, en acciones permitidas por la moral e incluso buenas y obligatorias.

Para obrar bien moralmente hay que tener en todos y cada uno de los casos la seguridad de que aquello por lo que nos decidimos está permitido, es decir, que nunca debemos obrar *dudando* de si es lícito o no

49

lo que emprendemos. Si al considerar la licitud o ilicitud de una acción nos encontramos con serias razones tanto en favor como en contra de la licitud de la misma (duda positiva), no nos será permitido obrar en este estado de duda, pues nos expondríamos conscientemente al peligro de pecar. Hay que formarse pues, antes de obrar, una conciencia segura, es decir, un juicio cierto acerca de la licitud o ilicitud de la acción. Meditando la cuestión seriamente, implorando el divino auxilio mediante la oración, pidiendo consejo y explicación a otros, a personas de elevada moral y a los libros, podremos llegar generalmente a tener conciencia cierta.

3. La conciencia es el juicio de la razón práctica. Ésta es la razón natural que saca su conocimiento de la visión del mundo y de la propia existencia; y es la razón creyente que saca su conocimiento de la revelación sobrenatural. Por cuanto la conciencia es un conocer, natural o sobrenatural, puede aumentar en amplitud, profundidad, claridad y certeza. Si en la actividad de la conciencia se trata de aplicar las verdades y preceptos generales a casos determinados, se le ofrece el más amplio campo para perfeccionarse. La conciencia, empero, en su conocer y fallar, se halla bajo la influencia del sentimiento, del querer, de la alegría o del miedo, del deseo o del temor. Ya sabemos por propia y ajena experiencia cuán fácilmente el deseo y el sentimiento humanos quisieran seguir otra dirección que la que exige la conciencia. Mucho importa que la conciencia sea adecuada también en su vida sentimental y volitiva para una rectitud y fidelidad lo más perfectas posible.

La formación de la conciencia es doble: Una más negativa, en relación con el examen de la conciencia. Ella atiende a la culpa y al pecado, pero también llega a examinar los motivos y causas de donde nacen los pecados. Sin embargo, quien tome muy en serio su vida interior irá más lejos. Se esforzará por llegar a una formación positivamente orientada de la conciencia. Ésta se propone como objetico elevar el saber moral hasta la altura de la sabiduría cristiana de la vida, y la conciencia del deber hasta una fidelidad y escrupulosidad de conciencia seria y dispuesta al sacrificio. Considerado desde otro punto de vista: quiere convertir la imagen del Dios vivo, hecho hombre, en Cristo, y la santísima voluntad de Dios en norma de la vida cristiana.

Esta educación general de la conciencia es parte integrante de la formación religiosa y moral del cristiano. Se realiza casi inadvertidamente, sin un sistema determinado, en la oración, en la lectura espiritual, en el estudio de las Escrituras, en la recepción de los santos sacramentos. Pero hoy, cuando muchas verdades y actitudes básicas religiosomorales han caído casi forzosamente en olvido bajo la embestida del actual pensar pagano, laico, secularizado y no cristiano, y la imagen del Dios vivo y de Cristo es enterrada y recubierta por las exigencias de los tiempos, pedimos una educación de la conciencia más regulada y sistemática.

Ésta se logrará por medio de un examen ordenado del estado de nuestra conciencia. En una especie de espejo de conciencia reunimos los puntos más importantes de la vida cristiana, siguiendo, por ejemplo, los diez mandamientos de la ley de Dios: pero habrá que considerarlos también en su contenido positivo y bajo el aspecto cristiano. Recientemente prefieren muchos relacionar el espejo de conciencia con las peticiones del padrenuestro o con el gran mandato del amor a Dios y al prójimo. Otros quieren que presida a la educación de la conciencia, sobre todo al tratarse de la juventud, la idea de la excelencia de una vida más elevada, a la que Cristo nos llama, y que en Cristo se nos abre. El joven cristiano se alegrará al ver la excelencia de la vida cristiana; dará gracias al Padre por todo lo grande y noble que con la gracia puede hacer. También podrá apreciar cuán lejos está de la cumbre que aquí se nos descubre. Este conocimiento le achicará y le hará humilde ante Dios, pero le servirá también de estímulo para luchar animosamente por alcanzar la cumbre confiado en la gracia.

Hay que hacer por lo menos algunas veces en el año un minucioso examen del estado de la conciencia: en días especiales conmemorativos, en días de retiro, al comienzo del Adviento o de la Cuaresma.

Segunda parte

REFLEXIONES

1. Haced penitencia

1. «Haced penitencia, porque está cerca el reino de los cielos.» Así comenzó Jesús a predicar (Mt 4, 17) y así, antes de Jesús, había hablado el Bautista a los que acudieron a oírle: «Haced penitencia porque está cerca el reino de los cielos» (Mt 3, 2). Así habló también a los fariseos pagados de sí mismos y a los saduceos librepensadores: «Raza de víboras, ¿quién os ha enseñado a huir de la ira que os amenaza, de la ira del Mesías que se acerca? Haced, pues, frutos dignos de penitencia.» No digáis: tenemos a Abraham por padre, como si bastaran linaje, raza y sangre. «Ya la segur está aplicada a la raíz de los árboles. Y todo árbol que no produce buen fruto será cortado y echado al fuego» (Mt 3, 7-11). Enérgicamente llama el Señor a penitencia al oír contar que Pilatos hizo derramar la sangre de unos galileos estando éstos presentando su sacrificio. «¿Pensáis — pregunta Jesús — que aquellos galileos eran entre todos los demás de Galilea los mayores pecadores, porque fueron castigados de esta suerte? Os aseguro que no. Y entended que, si vosotros no hiciereis penitencia, todos pereceréis igualmente. Como también aquellos dieciocho hombres sobre los cuales cayó la torre de Siloé y los mató, ¿pensáis que fuesen los más culpables de todos los moradores de Jerusalén? Os digo que no; mas si vosotros no hicieris penitencia, todos pereceréis igualmente» (Lc 13, 1-5). Lucas prosigue: «Y añadióles esta parábola: Un hombre tenía plantada una higuera en su viña, y

vino a ella en busca de fruto y no lo halló. Por lo que dijo al viñador: Ya ves que hace tres años seguidos que vengo a buscar fruto en esta higuera, y no lo hallo. Córtala, pues» (Lc 13, 6-7).

La penitencia es un mandato para todos los que han pecado, incluso para aquellos que no han pecado gravemente. Hasta el más pequeño pecado exige penitencia, y sólo puede ser perdonado cuando ha sido retractado por la penitencia. Sabemos cuán dados a la penitencia eran los santos aun cuando sólo tuvieran que acusarse de leves pecados e imperfecciones. En San Luis, Dios ha «hermanado una admirable inocencia de vida con una asombrosa penitencia», y a San Pedro de Alcántara lo ha «ilustrado con el don de una admirable penitencia y de una altísima contemplación» (Colecta). Cómo San Agustín se arrepiente de los pecados y faltas de su juventud, y cómo hizo penitencia por ellas, nos lo dice él mismo en sus preciosas *Confesiones.* La penitencia es la puerta de entrada al «reino de los cielos» de la gracia santificante, de la filiación divina, sobre todo al «reino de los cielos» de la perfección cristiana, del santo amor a Dios, de la plenitud de los dones del Espíritu Santo, y de la vida verdaderamente santa. Cuanto mayor es la aversión al pecado y a todo lo que desagrada a Dios, le deshonra y le ofende, tanto mayor unión habrá con Dios, y una vida tanto más rica en gracia y en virtud. La penitencia es precisamente volver del pecado, rechazarlo, empezando por el primer odio hasta llegar a la completa cancelación del pecado y de la pena, y al propósito decidido de querer lo bueno, lo santo, lo que honra y glorifica a Dios. La penitencia es el dolor del alma por el pecado cometido, y el querer resuelto de expiarlo y dar a Dios satisfacción por la ofensa. Es una forma determinada de la justicia; quiere eliminar del mundo la injusticia cometida contra Dios por el pecado y restablecer el derecho de Dios — derecho violado por el pecado —, para que nos sirva, para que podamos amar a Dios de todo corazón y con todas nuestras fuerzas, y podamos vivir para Él. ¿Quién va a poner en tela de juicio que la virtud de la penitencia es una virtud grande y sublime?

2. Aun aquellos que cometieron, no pecados graves, sino tan sólo veniales y faltas de flaqueza, necesitan la penitencia. Por desgracia, expresa la verdad la grave frase que San Ambrosio, doctor de la Iglesia, escribe en su obra sobre la penitencia: «Más fácilmente he hallado personas que conservaron la inocencia que no personas que hicieron verdadera penitencia» (2, 10). Es así; nosotros, los hombres, aun cuando queremos hacer penitencia, tenemos que vencer en nosotros cierta oposición; no nos gusta oir hablar de penitencia y expiación, y realmente hoy día, en las conferencias y publicaciones religiosas, oímos y leemos poco sobre la penitencia. Es cosa propia del espíritu de la época. Y, sin embargo, todos pecamos, aun nosotros, los hombres de hoy. Y por lo mismo necesitamos hacer penitencia, tanto más cuanto más nos interesa llegar a la unión perfecta con Dios, rendirle un servicio perfecto y vivir para Él total y perfectamente.

Aun en el caso de haber sacudido de nosotros el pecado, subsiste la necesidad de la penitencia. Aun en el caso de que el pecado esté ya perdonado por Dios, puede y debe ser todavía objeto de arrepentimiento; porque siempre queda algo que es lamentable, algo que no debiera haber sucedido; en nuestras relaciones con Dios, el pecado ha introducido para siempre algo que no debía introducirse y que no consuena con una vida de verdadero y perfecto amor a Dios. Aun por el pecado cometido y ya perdonado podemos ofrecer a Dios satisfacción y expiación. Porque no podemos saber nunca hasta qué punto nos fue perdonada también la pena al sernos perdonada la culpa, cuánto tiempo hemos de sufrir aún la pena, ya sea aquí sobre la tierra, ya sea después de esta vida, en el purgatorio. Por eso naturalmente nos sentimos impulsados a hacer penitencia y satisfacer una y otra vez, con todas nuestras fuerzas, durante la vida entera; y con piadoso celo volver a ofrecer al Señor compensación por las antiguas faltas cometidas en cuanto a amor, abnegación, fidelidad y glorificación.

Penitencia y satisfacción por los pecados que Dios nos ha perdonado ya. Pero, ¿no pecamos por desgracia todos los días, de una manera o de otra? ¿No tenemos, pues, todos los días bastantes motivos nuevos para arrepentirnos, para expiar, para hacer penitencia, para ofrecer satisfacción y restablecer el honor ultrajado de Dios?

Así, pues, todos nosotros necesitamos hacer penitencia. Y también por otro motivo: La penitencia será para nosotros una poderosa ayuda en la lucha por llegar a la cumbre de la vida cristiana. Un factor esencial en la vida interior es el espíritu de humildad, y apenas habrá otra cosa que nos haga tan pequeños y humildes ante Dios, el santo, el infinitamente puro y sublime, como el conocimiento y reconocimiento doloroso del hecho de haber pecado contra Él, de haber pecado mucho y a menudo, de pensamiento, palabra y obra. El recuerdo del pecado y de la infidelidad que cometimos y que Dios en su misericordia nos perdonó, fomenta en nosotros la gratitud para con Dios, que nos perdona y perdonó nuestros pecados, y para con nuestro Redentor, que mediante su Pasión y muerte nos ha merecido de Dios el perdón. «Al que mucho se le perdona, ése ama también mucho» (Lc 7, 43). La penitencia nos hace pacientes y fuertes para llevar nuestra cruz diaria; nos hace comprender más profundamente la vanidad de los goces y bienes de este mundo y nos despega interiormente de las cosas terrenas. Cuando hay espíritu de penitencia, crece en nosotros la delicadeza de conciencia y la firmeza frente a todo lo torcido, a todo lo que ofende a Dios. Y no olvidemos que la penitencia produce en el alma una alegría espiritual duradera, íntima y honda, que para la vida interior es de tanta importancia.

3. Haced penitencia. Eso es lo que en la confesión frecuente hacemos una y otra vez. Obedientes al llamamiento del Señor, queremos hacer penitencia. Rechazamos el pecado, aun el más leve pecado deliberado. Al ver la santidad y bondad de Dios, nos esforzamos por comprender cada vez mejor lo que es el pecado, aunque sea venial. Detestamos el pecado con toda el alma: y con querer deliberado nos apartamos de él por completo. En esta detestación del pecado se anula la voluntad anterior de pecar y se elimina del alma todo resto de este querer. En esta detestación, ya no somos, por lo que respecta a nuestro querer, los que fuimos al pecar. Nos hemos levantado de la caída. De la detestación brota el dolor de haber ofendido a Dios. Nos entristece el haber robado a Dios su honor y haberle ultrajado. Finalmente, formamos un propósito firme para el porvenir, el propósito de evitar el pecado y la voluntad de pecar y dar satisfacción y expiar el pecado o reparar los daños que de alguna manera se causaron. Desde el fondo de nuestro corazón pedimos a Dios perdón y misericordia, y le pedimos que nos libre del pecado, que lo cancele, que lo perdone.

Con este espíritu de penitencia vamos con frecuencia, si es posible semanalmente (como la Santa Iglesia nos lo prescribe a nosotros los religiosos), a confesarnos y recibir el sacramento de la penitencia. Cuanto más nos hayamos esforzado por tener arrepentimiento, tanto mejor y más fructuosamente recibiremos este cublime sacramento.

Oración

Oh Señor, no me reprendas en medio de tu saña, | ni en medio de tu cólera me castigues.

Porque se han clavado hondamente tus saetas | y has cargado sobre mí tu mano.

No hay parte sana en todo mi cuerpo a causa de tu indignación; | todo está herido en mi cuerpo por culpa de mi pecado.

Porque mis maldades sobrepasan por encima de mi cabeza, | y como una carga pesada me tienen agobiado.

. . . .

Yo mismo confesaré mi iniquidad | y andaré siempre mortificado por causa de mi culpa.

. . . .

Oh Señor, no me desampares; | mi Dios, no te alejes de mí.

(Ps 37.)

2. EL PECADO (1)

«En verdad que si me hubiese llenado de maldiciones un enemigo mío, hubiéralo sufrido con paciencia; y si me hablasen con altanería los que me odian, podría acaso haberme guardado de ellos. Mas tú, oh hombre, que aparentabas ser otro yo, mi guía y mi amigo; tú, que juntamente conmigo tomabas el dulce alimento, que andábamos de compañía en la casa de Dios... ¡Ah!... Arrebate a los tales la muerte; y desciendan vivos al infierno; ya que todas las maldades se albergan en sus moradas» (Ps 54, 13-16).

1. «Oh tú, amigo mío.» ¿O no es amigo mío el que lo hace todo por mí? El primer paso de amistad lo dio Él al «anonadarse a sí mismo tomando la forma de siervo, hecho semejante a los demás hombres y reducido a la condición de hombre» (Phil 2, 7). Él, el verdadero hijo de Dios, ¿pudo hacer más que descender desde las alturas de su divinidad a nosotros, los hombres, para hacerse hermano nuestro, verdadero hombre, uno de nosotros? Sí. «Él se humilló a sí mismo, haciéndose obediente hasta la muerte, y muerte de cruz» (Phil 2, 8). Éste es el segundo paso que el Hijo de Dios dio para entablar amistad con nosotros, paso infinitamente penoso, torturador y lleno de sacrificio. «El cual me amó, y se entregó a sí mismo a la muerte por mí» (Gal 3, 20), a una muerte amarga en la cruz. «Nadie tiene

amor más grande que el que da su vida por sus amigos» (Ioh 15, 13). Pues eso ha hecho por nosotros Cristo, el Hijo de Dios.

Otro paso más de amistad dio al arrancarnos de nuestro pecado y sacarnos del alejamiento de Dios mediante el santo bautismo, y elevarnos de nuestra bajeza a la sublimidad de su propia vida haciéndonos sarmientos suyos, sarmientos de la Vid, y miembros de su cuerpo. ¿Pudo hacer más por nosotros? Sí, siempre que lo deseemos, hace aún más por nosotros. En la sagrada comunión viene diariamente a nuestro corazón. A diario ansía venir a nosotros, para infundirnos su vida y llenarnos de su santidad, de su fuerza y de su espíritu. ¿No es esta amistad la más íntima y santa? Y no es más que el preludio de aquella bienaventurada amistad que Él nos quiere ofrecer en el cielo: una convivencia con Él, eterna e inseparable, en la que, desinteresadamente, compartirá con nosotros todos sus bienes, su herencia entera, que le compete a Él como Hijo de Dios. «Oh tú, amigo mío.»

2. ¿Y nosotros? «Él (a quien yo había elegido por amigo) extiende la mano contra sus familiares; viola su propio pacto» (Ps 54, 21). Eso es el pecado. Criminalmente, con indecible ingratitud, levanta el pecador su mano contra su amigo, con quien en el sagrado bautismo hizo alianza de fidelidad, y viola el pacto de amistad. Desdeña el amor de que le dio prueba el Señor al hacerse hombre. Rechaza con desprecio los bienes celestiales que le ha adquirido con su vida, su Pasión y su muerte. Por lo que toca a él, hace inútiles y sin valor innumerables esfuerzos y sacrificios, trabajos y oraciones, la amarga Pasión y muerte del Redentor. Quebranta con infidelidad las promesas del bautismo: «Renuncio al mundo, renuncio a Satanás, renuncio al mundo y a sus pompas y vanidades.» Un día, mediante el santo bautismo, el Señor le sacó de su miseria, le hizo hermano suyo y le dio el poder y la misión de destruir

con Él el pecado, glorificar con Él y por Él dignamente al Padre de una manera tan perfecta como sólo puede hacerlo quien mediante el santo bautismo ha sido incorporado a Cristo. Cómo se alegraba Él al encontrar una persona que pensase como Él, que sintiese el mismo odio que Él al pecado, que estuviese animado del mismo espíritu de entrega y amor al Padre, una persona que sintiese como Él, un amigo, un confidente, al que podía infundir lo más íntimo que tenía, su fuerza, sus misterios, su propia vida, para que los dos juntos viviesen *una misma* vida, tuviesen *un mismo* pensamiento, *un mismo* ideal, realizasen *una misma* obra: la gran obra de la destrucción del mal y de la glorificación digna e infinita del Padre. Éste era su plan respecto de nosotros, eso esperaba Él de nosotros. ¿Y nosotros?... Nosotros hemos pecado de pensamiento, de palabra y obra. Hemos pecado contra Dios, contra el prójimo y contra nosotros mismos. Y no una sola vez en la vida, sino a menudo, repetidas veces. ¡Nosotros, que en el santo bautismo hemos sido llamados y consagrados para odiar y aniquilar el pecado y ayudados de nuestro Redentor, nos hemos puesto al servicio del pecado! En lugar de haber cumplido con nuestro llamamiento y haber glorificado al Padre en compañía del gran adorador, Cristo, nos hemos rebelado contra Él, le hemos deshonrado, hemos menospreciado su mandamiento y su santísima voluntad, y los hemos pospuesto a nuestro propio humor y egoísmo. *Mea culpa, mea culpa, mea maxima culpa.* Eso es el pecado: la más negra ingratitud contra el Señor, infidelidad a la santa alianza que juramos, injusticia contra Él, que tiene innumerables títulos de derecho sobre nosotros, sobre nuestra vida, sobre nuestro pensar y querer, sobre todo nuestro obrar.

En su esencia más íntima, nuestro pecado es un «no quiero servir», es querer «ser como Dios». La soberbia pretende hacer del Dios único dos dioses: Dios y Yo, es decir, eliminar, aniquilar y destruir a Dios. Pero Dios se opone a la soberbia con toda fuerza, por decirlo así, con el más sagrado instinto de conservación, por necesidad de su esencia. «Dios resiste a los soberbios» (Iac 4, 6). Ni es, pues, extraño que exista un infierno eterno. No es extraño que Satanás haya sido arrojado del cielo. Es cosa tremenda cuando la soberbia tiene en contra de sí a la misma esencia necesaria de Dios. En la medida en que nosotros nos sublevabos orgullosamente — y esto lo hacemos en todo pecado —, nos convertimos en enemigos de Dios y en compañeros de Satanás. Tan terrible cosa es el pecado.

Por consiguiente, al recibir el sacramento de la penitencia, también al tratarse de la confesión frecuente, lo primero y más importante para nosotros tiene que ser arrepentirnos con toda nuestra energía de los pecados que en nuestra vida hemos cometido, detestarlos, perseguirlos con odio encarnizado y borrarlos de nuestra vida.

Oración

Ten piedad de mí, oh Dios, según la grandeza de tu misericordia; | y, según la multitud de tus piedades, borra mi iniquidad.

Lávame todavía más de mi iniquidad, | límpiame de mi pecado.

Porque yo reconozco mi maldad | y delante de mí tengo siempre mi pecado.

Contra Ti sólo he pecado; | y he cometido la maldad delante de tus ojos, a fin de que perdonándome aparezcas justo en cuanto dices i seas reconocido fiel en tus promesas.

Mira, pues, que fui concebido en iniquidad | y que mi madre me concibió en pecado.

Mira que Tú amas la verdad; | Tú me revelaste los secretos y recónditos misterios de tu sabiduría.

Me rociarás, Señor, con el hisopo, y seré purificado; | me lavarás, y quedaré más blanco que la nieve.

Infundirás en mi oído palabras de gozo y de alegría; | con lo que se recrearán mis huesos humillados.

Aparta tu rostro de mis pecados | y borra todas mis iniquidades.

Crea en mí, oh Dios, un corazón puro, | y renueva en mis entrañas el espíritu de rectitud.

No me arrojes de tu presencia | y no retires de mí tu santo espíritu.

Restitúyeme la alegría de tu salvación, | y fortaléceme con un espíritu de príncipe.

Yo enseñaré tus caminos a los malos, | y se convertirán a Ti los impíos.

Líbrame de la sangre, oh Dios, Dios salvador mío, y ensalzará mi lengua tu justicia.

Oh Señor, Tú abrirás mis lábios, | y publicará mi boca tus alabanzas.

Que si Tú quisieras sacrificios, ciertamente te los ofrecería; | más Tú no te complaces con sólo holocaustos.

El espíritu compungido es el sacrificio más grato para Dios; | no despreciarás, oh Dios mío, el corazón contrito y humillado.

Señor, por tu buena voluntad sé benigno para con Sión, | a fin de que estén firmes los muros de Jerusalén.

Entonces aceptarás el sacrificio de justicia, las ofrendas y los holocaustos; | entonces serán colocados sobre tu altar becerros para el sacrificio.

(Ps 50, Miserere.)

3.   EL PECADO (2)

«Padre, pequé contra el cielo y contra ti ; ya no soy digno de ser llamado hijo tuyo, trátame como uno de tus jornaleros» (Lc 15, 18 s).

1.   Con espíritu ligero se resolvió el hijo a dejar a su padre. «Dame la parte de la herencia que me toca» (Lc 15, 12). Recoge todos sus bienes y se

va a un país lejano, muy distante de la casa paterna.

Ése es el hombre que en el pecado mortal se aleja del Padre. ¡Con qué amor le creó Dios y le adornó con talentos y energías! ¡Con qué amor en el santo bautismo le sacó de su alejamiento de Dios y le incorporó a su Hijo unigénito, para poderle recibir en Cristo como hijo suyo y dedicarle todo su amor paterno! ¡Qué magnífica herencia le ha destinado! Nada menos que las riquezas de Cristo, del «Primogénito entre muchos hermanos» (Rom 8, 29), la gracia y los méritos de Cristo, la salvación y redención de Cristo, la vida y muerte de Cristo, la herencia de Cristo en el cielo.

«Dame la parte de la herencia que me toca.» ¿Para qué? A mí no me gusta estar con mi padre. Quiero irme lejos. Quiero otra cosa que me guste más que el padre, su trato y sus bienes.

«Se marchó a un país muy remoto, y allí malbarató todo su caudal viviendo disolutamente. Después que lo gastó todo, sobrevino una grande hambre en aquel país» (Lc 15, 13 s). El caudal de la gracia, de la filiación divina, de la virtud y de la grandeza moral, el don divino de la inhabitación del Padre y del Hijo y del Espíritu Santo en su corazón, el bien de la cruz, de la santa fe y de la nobleza divina del alma, todo lo derrocha él en una vida disipada, entregado a la sensualidad y los goces terrenales...

«Y comenzó a padecer necesidad. De resultas, púsose a servir a un morador de aquella tierra, el cual le envió a su granja a guardar cerdos. Allí deseaba con ansia henchir su vientre de las algarrobas y mondaduras que comían los cerdos, y nadie se las daba» (Lc 15, 14-16). Un porquerizo que trata de saciar su hambre en el pilón de los cerdos. Él, tan ensalzado por Dios, alimentado con el cuerpo puro y santo y con la sangre de Cristo, inundado de la luz y la fuerza que brotan del corazón del Padre.

«Padre, pequé contra el cielo y contra ti.»

2. ¡El pecado, el pecado mortal! El hombre vuelve la espalda a su Padre y Creador. No quiere saber más de Él, no quiere que le hablan más de Él. Se substrae al amor que quiere hacerle infinitamente grande y rico. Abandona a Dios, le cambia por un apetito bajo, por un impulso animal del hombre inferior, irracional.

Al Dios santo y vivo le niega el pecador la adoración que le debe, a su infinito amor y bondad le niega la confianza, a su majestad y santidad intangible el respeto y la veneración, y a su amabilidad que todo lo sobrepasa le niega el amor. En cambio, de una criatura, de un placer, de un goce momentáneo, de la propia voluntad y del propio yo hace su bien supremo, su dios, a quien quiere servir y pertenecer.

A nosotros, los hombres, Dios nos da lo más querido que tiene, lo más alto y más sublime que puede haber en el cielo y en la tierra: Jesucristo, Dios y hombre, que no sólo es Dios, alabado en toda la eternidad, sino que también como hombre encierra en sí toda la dignidad, toda la nobleza, toda la grandeza de la creación entera; aún más, abarca en sí solo infinitamente más dignidad y valores que la creación entera en conjunto. Este preciado bien nos lo da el Padre a nosotros; nos da la persona de Jesús, la vida de Jesús, la gracia de Jesús, los infinitos méritos de Jesús, la verdad de Jesús, la oración de Jesús, el corazón de Jesús, el cuerpo y la sangre de Jesús, su divinidad y humanidad, todo absolutamente. ¿Y el hombre que peca? Rechaza con mano desdeñosa este supremo don del Padre. Lo que para el Padre, lo que para el cielo y la tierra, para los ángeles y los hombres es y debe ser el bien supremo, eso, para el pecador, no vale nada. El pecador lo rechaza, lo desprecia. ¿Por qué? Un placer momentáneo, un goce, la voluntad propia, valen para él más que Cristo, el Hijo de Dios. ¡Qué postergación, qué desprecio de Cristo, de Dios!

El Padre ha escogido al hombre para que sea su hijo, «nacido de Dios» (Ioh 1, 13), le ha introducido por Cristo Jesús en el parentesco y familia de Dios,

le ha revestido con la noble vestid
santificante, le ha llamado a particip
bienaventurada del Padre y del Hijo y
Santo. Allí beberá el alma eternamente, a
tragos, de las fuentes de la verdad y de la paz
hasta la misma carne, hoy todavía mortal, anim
por una vida nueva y eternamente juvenil, ser
sumergida en las delicias puras de Dios por toda la
eternidad. Todo esto, para el pecador, es nada: lo
desprecia y arroja de sí. ¿Por qué? Para sentirse
desgarrado, ya ahora, por una intranquilidad, un tormento interiores. Para tener toda una eternidad que
le separe de Dios, de la verdad, de la felicidad y de
la paz; para tener toda una eternidad que le engañe
en todo aquello que su corazón ansía continuamente,
con vehemencia; para tener toda una eternidad en
la que no podrá hallar nada más que lo que ahora
busca en su pecado: a sí mismo, al hombre, con toda
su vaciedad y soledad; para tener toda una eternidad
con la hez de los ángeles y de los hombres, de los
diablos, de los esclavos de sus pecados y pasiones;
por eso rechaza la filiación divina, la gracia y la
bienaventuranza eterna. ¡Qué insensatez! ¡Qué crimen tan terrible no sólo contra Dios y contra Cristo,
sino también contra el pecador mismo, contra su propia razón, contra su propia felicidad, contra su bienaventuranza eterna, contra su alma, contra su cuerpo!
«Padre, he pecado.»

Uno de los medios más excelentes para evitar el
peligro del pecado, y robustecernos de manera que
resistamos al pecado y lo venzamos, es la confesión
frecuente. Bien hecha, preserva de la tibieza, que
lenta, pero seguramente, lleva al pecado mortal. Ella
da constantemente nuevo impulso a las buenas aspiraciones, y une cada vez más íntimamente nuestra
voluntad con el bien, con Cristo, con Dios y con su
santísima voluntad.

clamé a Ti, oh Señor;
mi voz.
a la voz de mis plegarias.
Señor, nuestras maldades, |
h Señor, en tu presencia?
asiento la clemencia, | de
n Ti.

. . . .

... misericordia y en su mano
tiene una redención abundantísima.

Y Él es el que redimirá a Israel | de todas sus ini-
quidades.

(Ps 129, *De profundis.*)

4. EL PECADO VENIAL (1)

1. Hay pecados mortales, es decir, pecados que
por su naturaleza separan de Dios y de la vida, los
cuales, si no son expiados y perdonados en esta vida
terrenal, apartarán eternamente de Dios al pecador.
Hay también pecados veniales, es decir, pecados que
por su naturaleza no separan al hombre de Dios
y no le hacen reo del eterno alejamiento de Dios, de
la condenación y muerte eternas. Tal es la doctrina
de la Santa Iglesia contra las desmedidas exagera-
ciones de Calvino y Bayo (Dz, 1020). Pues la Sagrada Escritura dice: «Siete veces [es decir, a menudo]
caerá el justo, y siempre volverá a levantarse» (Prov
24, 16). Y en otro pasaje: «No hay hombre justo en
la tierra que haga el bien y no peque jamás» (Eccl 7,
20). Y San Juan escribe: «Si dijéramos que no tenemos pecado, nosotros mismos nos engañamos, y no
hay verdad en nosotros» (1 Ioh 1, 8). Lo mismo nos
dice nuestra propia experiencia: aun cuando sepamos
que estamos libres de pecados graves, sin embargo, a

diario tenemos que confesar humildemente e implorar: «Perdónanos nuestras deudas.» Y también: «Confieso a Dios todopoderoso, a la bienaventurada Virgen María, a todos los santos que pequé con pensamientos, palabras y obras.» No serán siempre pecados veniales deliberados, cometidos a sabiendas y con plena voluntad, como, por ejemulo, el consciente descuido de los deberes de estado, la pérdida de tiempo, ligerezas de toda clase, disimulo en la conversación y en el trato, oculta soberbia y vanidad, dureza de corazón en pensamientos, palabras y obras, etcétera. Hay también pecados veniales semivoluntarios, que no se cometieron con plena advertencia y con toda libertad; pecados cometidos por precipitación o por sorpresa. Hay también pecados de omisión. ¿Quién no tendrá que reprocharse, por mucho que busque el bien, el haberse quedado a la zaga alguna que otra vez, por no haber hecho, orado, sacrificado, triunfado de sí mismo lo bastante?

Queda, pues, en pie la palabra de la Escritura: «No hay hombre justo en la tierra que haga el bien y no peque jamás.» Una persona tuvo el privilegio de no cometer en toda su vida ni el más leve pecado: la Virgen María, Madre de Dios. Tal es la fe de la Iglesia (Concilio de Trento, sesión 6.ª, can. 23; Dz 833).

2.   También el pecado venial es verdadero pecado, aunque esencialmente diverso del pecado mortal; éste va de tal modo contra Dios, que separa de Él irrevocablemente, para siempre, al pecador, y le lleva a un alejamiento eterno de Dios; en cambio, el pecado venial no desvía al hombre de su tendencia hacia Dios; a pesar del pecado venial, el hombre sigue por el camino de Dios y llega a la posesión de Él. Es una equivocación perniciosa la de ciertos sectores católicos de hoy que consideran el pecado venial deliberado como algo inofensivo, como una bagatela, como si no tuviera importancia alguna, como si el pecado venial no estuviera prohibido, sino más bien

«tolerado» por Dios, etc. No; el pecado venial, por más que se diferencie del mortal, es asimismo pecado, es decir, una transgresión consciente, voluntaria, de un mandamiento de Dios en un punto de menor importancia. En un asunto, no importante de suyo, decimos una falsedad; con ello obramos contra el mandamiento dado por Dios: «No mentirás.» Sabemos, experimentamos y sentimos en un momento dado: No debes mentir, ni siquiera en una cosa baladí; sin embargo, para evitarnos una vergüenza, una cosa desagradable, decimos una falsedad. Nuestra ventaja, nuestra honrilla, vale para nosotros en ese momento más que el precepto divino. ¿Qué hacemos, pues, en el pecado venial? Anteponemos nuestro deseo, nuestro interés, nuestra satisfacción al mandamiento de Dios, al interés de Dios. Eso es el pecado venial: una posposición del mandamiento y voluntad de Dios a nuestro propio interés; una ofensa a Dios, una injusticia contra Dios, un ultraje al Dios grande y santo, una ingratitud contra Aquel de quien lo tenemos todo, una desobediencia contra Aquel a quien tenemos que servir y amar con todo nuestro ser. Porque nosotros pecamos, Dios ya no nos puede amar como podría amarnos y nos amaría si nos hubiésemos abstenido de quebrantar su mandamiento. Nosotros le forzamos a negarnos las mejores gracias que nos tenía destinadas. Esto bien lo sabemos, pero no hacemos caso de ello. Tenemos la gracia y el amor de Dios en menos que una satisfacción momentánea de nuestros torcidos deseos, de nuestro amor propio. Tenemos tan poco amor a Cristo, que no sabemos negarnos nada, vencernos con generosidad. Nuestro amor no es perfecto; no lo da todo, carece de celo, de fidelidad, de ternura. Tal es el pecado venial.

Ciertamente, el pecado venial no puede suprimir en el alma la vida, es decir, la gracia santificante, la unión con Dios; ni siquiera puede mermarla. Tan pura es de suyo la gracia santificante; es un rayo de luz celestial hasta el punto de que no puede ser destruida por nuestro pecado. Pero el pecado venial, sobre todo si se comete a menudo y no se retracta con serio arrepentimiento ni se le combate, acarrea al alma grave daño. Debilita la operación de la gracia, merma su fuerza. La fuerza interior de tensión, que incesantemente impulsa a actos de amor, se afloja. La prontitud de hacer en todo momento lo que agrada a Dios disminuye. La llama interior del amor se va apagando, y toda la vida de gracia y de virtud, sobre todo la vida de oración, se debilita. Entre Dios y el alma que ora se interpone una pared de espesa niebla.

El pecado venial hace al alma poco grata a Dios. ¿Cómo podría Dios mirar con complacencia ese juego del alma con lo prohibido, esa vacilación entre Él y lo que Él tiene que odiar? ¿No ha de repugnarle? Y ¿entonces? Nos iremos substrayendo cada vez más a la influencia provechosa del sol de la gracia. La delicadeza de conciencia, la pureza de corazón, la fina sensibilidad para con Dios y sus valores, van disminuyendo. Sin notarlo, vamos bajando y cometemos pecados veniales habituales, caemos en el estado de tibieza; y nos encontramos en la miseria.

¡Cuánta importancia debemos dar, pues, a la confesión frecuente! Ella, en efecto, es uno de los medios más excelentes de luchar contra el pecado venial y vencerlo.

Oración

Oh Dios, que te compadeces y perdonas en todo tiempo, acoge nuestras ardientes súplicas y líbranos a nosotros y a todos tus servidores de los lazos del pecado. Amén.

5. EL PECADO VENIAL (2)

«Al modo que mi Padre me amó, así os he amado yo. Perseverad en mi amor» (Ioh 15, 9).

He aquí una súplica original del Salvador: «Perseverad en mi amor», es decir, permitidme que Yo os

ame, no me impidáis amaros y daros pruebas de mi
amor. El Salvador ansía amarnos con el amor con
que el Padre le ha amado a Él. ¡Y cómo le amó el
Padre! ¿Quién comprenderá aquel amor infinito con
que el Padre en la generación eterna infundió al
Hijo su ser entero y su vida, toda su divina majestad
y felicidad? «Todo lo que tiene el Padre es mío» (Ioh
16, 15). Y cuando el Hijo asumió en el seno de la
Virgen la naturaleza humana, entonces el amor con
que el Padre había rodeado hasta entonces a su
Hijo se extendió, entero e indiviso, al Hijo hecho
hombre, a Cristo.

«Al modo que mi Padre me amó, os he amado yo.»
Con la plenitud de espíritu que recibe del amor del
Padre, nos abarca también a nosotros, para comu-
nicarnos su vida, su riqueza y su gloria. Se entrega
a nosotros. Por eso en el santo bautismo nos unió
tan estrechamente a Él. Nosotros estábamos muertos en el orden sobrenatural. Él nos arrancó de la
muerte y nos introdujo en su vida, así como el Padre
lo había introducido a Él, el hombre Jesús, en la
participación de la vida divina. Ahora Cristo quiere
ser posesión y propiedad nuestra. Todo lo que no
es Él es demasiado poco para nosotros, es como nada;
Él quiere ser el contenido de nuestra vida; Él con su
vida infinitamente preciosa, con su poder sobre el
pecado, con sus virtudes y con su radiante santidad.
Siendo por nosotros mismos tan pobres, hemos llegado a ser ahora infinitamente ricos en Cristo.

«Perseverad en mi amor.» El Señor tan sólo tiene
un temor: que queramos substraernos a su amor.
Eso le dolería infinitamente. Por eso nos suplica que
le dejemos que nos ame, que le permitamos que nos
haga participantes de su vida y de su gloria. Y cuántas veces los hombres, a quienes Él ama con amor
divino, hemos rechazado su amor, le hemos dejado.

«Perseverad en mi amor.» Conscientemente cometemos un pecado venial. Renunciamos, por lo menos
parcialmente, a Cristo y a su obra redentora, rechazamos y despreciamos, si no por completo, sí

en parte, el acto de amor, infinitamente grande, del Hijo de Dios, que se hizo hombre; rechazamos parcialmente sus mandamientos, sus deseos e intereses; rechazamos parcialmente las gracias que Él nos ha merecido y destinado, y así rechazamos la herencia destinada para nosotros en el cielo. ¡Cuánta ingratitud, cuánto desprecio y menosprecio, cuánta frialdad y desamor a Jesús encierra el pecado venial!

«Perseverad en mi amor.» Evitad el pecado, todo pecado venial consciente. ¡Cuán feliz sería el Señor si le permitiésemos que Él nos comunicara su vida, entera e indivisa! Entonces podría Él, mediante nosotros, destruir eficazmente el pecado, confundir a Satanás y triunfar sobre el mal: sería un triunfo de su verdad, de su actividad, de su Pasión y muerte, de su Iglesia. Pero nuestros pecados veniales lo impiden.

¡Cuán feliz sería Él si pudiera infundirnos su gracia y su vida, sin tropezar con obstáculos! ¡Cuán fructífera sería su gracia en nosotros! «Quien permanece en Mí y Yo en él, ése produce mucho fruto.» La gracia podría sin obstáculo desarrollar su virtud; sometería por completo y tomaría a su servicio la naturaleza con sus aptitudes, inclinaciones y aspiraciones; todo quedaría santificado, todo se haría en Cristo y con Cristo. ¡Todo sería tan provechoso en el tiempo y en la eternidad, para nosotros y para toda la santa Iglesia! ¡Cuán feliz sería Él si pudiese hacer florecer sin ningún impedimento, en nosotros y por medio de nosotros, su vida de oración, su obediencia al Padre, su pureza, su amor de la pobreza y de los padecimientos, su caridad para con los hombres! ¡Él, la vid, por medio de nosotros, los sarmientos! ¡Cuán rica, cuán valiosa, cuán grande y elevada sería toda nuestra vida, con sus acciones y padecimientos! Pero el pecado venial... ¿No deberíamos, pues, hacer todo lo posible para eliminar completamente de nuestra vida el pecado venial y ante todo el pecado venial deliberado?

Éste es el objetivo que hemos de fijarnos en la confesión frecuente: que el amor a Cristo sea en nosotros tan eficaz que con su virtud evitemos el pecado venial deliberado. Cuanto más predomine en nosotros el amor a Cristo, con tanta mayor seguridad nos defenderemos contra el pecado venial. Purificándonos de los pecados veniales, ponemos las condiciones y la base de aquella vida a que nos obliga el juramento que hicimos en el santo bautismo. Por medio de la confesión frecuente queremos preparar el camino al amor perfecto a Cristo. Cuanto más limpios estemos de pecado, tanto mejor podremos corresponder a la súplica del Señor: «Perseverad en mi amor.»

Oración

Señor Jesús, danos la gracia de corresponder por virtud del sacramento de la penitencia, con perfección creciente, a tu deseo: «Perseverad en mi amor.» Amén.

6. LA VICTORIA SOBRE EL PECADO VENIAL DELIBERADO

«Ten por cierto que se trata del punto más importante de la vida espiritual, y que todas las prácticas piadosas, cualesquiera que ellas sean, no podrán conducirte a Dios hasta que hayas ascendido al último peldaño de esta pureza [la exención de pecados veniales deliberados]» (Pergmayr). Así opinan los santos respecto del pecado venial. Toda nuestra vida religiosa, sobrenatural, depende de la medida en que eliminemos de nuestra vida el pecado venial. De ahí la importante cuestión: ¿Cómo y con qué medios llegaremos a dominar el pecado venial, sobre todo el deliberado?

En la lucha por la victoria completa sobre el pecado venial deliberado tenemos que seguir cierto orden. Naturalmente, en primer lugar nos ocuparemos de aquellos pecados que, en sí mismos o a causa de determinadas circunstancias (principalmente el escándalo, la frecuencia y el apego a un pecado), tienen más importancia. Y siempre será importante para nosotros eliminar ante todo las faltas exteriores; ésas son más fáciles de comprobar y más fáciles de vencer. Luego hay que emplear los *medios* apropiados. Entre ellos damos la mayor importancia a los medios positivos. Ahuyentamos la oscuridad haciendo luz. De la misma manera procedemos en la lucha por eliminar los pecados veniales y sus raíces: las pasiones, inclinaciones, costumbres torcidas...

El modo de trabajar contra los pecados veniales es *prevenirlos* mediante un esfuerzo constante, ordenado y consciente por adquirir la libertad e independencia interiores, mediante la renuncia dolorosa de las cosas y del propio yo, del dominio de los sentidos interiores y exteriores, de las pasiones y de la lengua. Podrá rechazarse la palabra «mortificación», mas lo que significa es cosa importante y sagrada para todo cristiano serio. Como podemos más fácilmente prevenir los pecados veniales, es evitando las ocasiones de pensamientos, impulsos, palabras y obras desordenados.

Trabajaremos de un modo positivo en la superación de los pecados veniales *rezando* fervorosamente para que Dios en su misericordia nos dé fuerza y gracia para irnos purificando siempre más y más de los pecados veniales, y para evitarlos siempre, porque por nosotros mismos jamás lo lograríamos. Ésa es obra de la gracia. Pero la gracia nos es dada en atención a nuestras oraciones. «Pedid y recibiréis» (Mt 7, 7). Por eso constantemente, día y noche, imploramos: «Perdónanos nuestras deudas. No nos dejes caer en la tentación. Líbranos del mal (del pecado venial), presérvanos de él.»

Prácticamente es muy importante que nos formemos una idea acertada acerca de la naturaleza y alcance de los pecados veniales. Si miramos con los ojos de la fe, vemos claramente que el pecado venial, por ser una postergación y ofensa del Dios santo, es para nosotros y para la comunidad de nuestra familia, de la parroquia, del claustro, de la Iglesia y de la humanidad, una gran desgracia y un perjuicio verdadero. Cuanto con mayor acierto juzguemos y valoremos el pecado venial, tanto más lo rechazaremos e iremos venciéndolo. No menos importante es que tengamos una idea justa y principios adecuados respecto de las llamadas «pequeñeces», de los pequeños preceptos y de los pequeños deberes. Pues muy fácilmente nos persuadimos de que se trata de cosas muy pequeñas, de prescripciones y reglas que podemos descuidar sin perjuicio, de las que podemos prescindir sin escrúpulos, que podemos y debemos tratar con amplio criterio, a las que no necesitamos dar importancia. Fácilmente creemos que Dios no es tan mezquino y no mira tan minuciosamente. Eso es un error pernicioso. Como si pudieran darse en la vida del alma cosas y prescripciones pequeñas y sin importancia. En cuanto miramos estas cosas pequeñas a la luz de la fe, se agrandan. En cada prescripción y regla, aun la más insignificante, se manifiesta, para el que vive de la fe, la voluntad de Dios. Y no se detiene en lo pequeño, sino que con los ojos de la fe, tras el envoltorio exterior de las reglas, del deber, del encargo recibido, de la súplica que se le ha hecho, ve la plenitud interior, es decir, la voluntad de Dios, el encargo de Dios, el deseo y la exigencia de Dios. Y consiente pronunciando con toda el alma un: «Sí, Padre, porque así te place.» La fe le hace fácil, hasta lo convierte en una necesidad para él, el ser fiel en lo pequeño, en lo mínimo, por amor de Dios. Lo pequeño no le hace mezquino ni pedante, sino que, al contrario, le engrandece. Si esto vale para todas las circunstancias y situaciones de la vida cristiana, valdrá de un modo especial para los religiosos. Cuanto más respeten y con mayor fidelidad cumplan sus votos y sus reglas, con espíritu de fe y amor a Dios, cuya voz escuchan en toda regla y disposición, tanto más crecerá en ellos el hombre interior y tanto más se robustecerán para vencer infidelidades, transgresiones, pecados veniales.

En este esfuerzo por vencer los pecados veniales es de suma importancia saber conducirse en punto a los pensamientos e impulsos de toda clase que van surgiendo: impaciencia, falta de caridad, orgullo, envidia, celos, etc. No es un procedimiento acertado el «rechazar» sencillamente estos pensamientos e impulsos o «combatirlos». Ciertamente, hemos de combatirlos, pero ¿cómo? Indirectamente. Tan pronto como advirtamos uno de esos pensamientos o impulsos, volvámonos a Dios, a Cristo con la súplica de que nos ayude, o con un acto de confianza en su gracia y auxilio; o cuando las dificultades, los fracasos y contratiempos estén a punto de excitarnos, recurramos al Señor con un acto de sumisión a su voluntad: «Hágase tu voluntad», «para tu gloria». De esa manera los pensamientos que surjan, y que son para nosotros ocasión de pecado, se hacen inofensivos en el momento mismo de presentarse; incluso aprovecharemos una tentación de impaciencia, de irritación a modo de oración, la convertiremos en un acto de paciencia, de entrega a Dios y sus designios. ¡Cuán fácil sería evitar de esta manera los pecados veniales!

Lo decisivo es que nos esforcemos por fomentar el amor a Dios, a Cristo. Conforme va creciendo la santa caridad, va perdiendo terreno el pecado venial. El amor a Dios apremia al alma a entregarse por completo a Dios y a su santa voluntad; en este caso una desobediencia consciente contra Dios y contra un mandamiento suyo no encuentra punto de apoyo. Para el amor, antes que nada está Dios, el interés de Dios y la gloria de Dios. El amor nada puede negar a Dios, no puede oponer un «no» a ningún deseo de Dios, a ninguna disposición de Dios, por muy insignificante que parezca. El amor es también el que inspira al alma la tendencia a los sublimes ideales de la unión con Dios, de la vida con Dios y para Dios. No queda ya lugar para el pecado venial. El amor trae consigo todas las virtudes. La caridad «es sufrida, es dulce y bienhechora, no tiene envidia, no obra precipitada ni temerariamente, no se ensoberbece, no es ambiciosa, no busca sus intereses, no se irrita, no piensa mal, cree todo, todo lo espera y lo soporta todo» (1 Cor 13, 4-7). ¿No es éste el camino más seguro, más recto y provechoso para evitar los pecados veniales? «Ahora permanecen estas tres virtudes, la fe, la esperanza y la caridad; pero, de las tres, la caridad es la más excelente. Corred para alcanzar la caridad» (1 Cor 13, 13; 14, 1). Por eso lo decisivo en la vida interior es que el amor a Dios nos llene y nos guíe. Cuanto más impere el amor en nosotros, más terreno perderá una cierta manera harto negativa e infructuosa de oponerse a los pecados veniales. Ya no serán necesarios tanto examen de conciencia que descienda hasta las más pequeñas menudencias ni tantos propósitos menudos. El alma se va haciendo más amplia, más libre, más sencilla. Se entrega al crecimiento en la caridad. Ésta la hace sensible para toda falta, aun la más pequeña, de manera que la advierte inmediatamente y con tanta mayor fidelidad marcha de nuevo por el camino del bien. La caridad da al alma fuerza para hacer los sacrificios y renuncias necesarias para una vida que debe conservarse limpia de todo pecado venial deliberado. Finalmente, la caridad es el enemigo eficaz del amor propio, de esta fuente perenne de la mayor parte de las infidelidades y faltas. «Corred para alcanzar la caridad.»

La confesión frecuente nos obliga de esa manera a luchar con todo empeño contra el pecado venial deliberado. Ésas deben ser nuestra actitud y nuestra inquebrantable resolución si nos cabe en suerte la gracia de confesarnos frecuentemente. Por otra parte, es claro que la confesión frecuente se mostrará verdaderamente buena y fructuosa precisamente si nos afianzamos cada vez más en esta nuestra actitud respecto del pecado venial. El esfuerzo y empeño noble por superar los pecados veniales conscientes y las infidelidades de toda clase es el barómetro en el que podemos leer hasta qué punto practicamos con seriedad y con fruto la confesión frecuente.

Oración

Te suplicamos, oh Dios, que quieras purificarnos y visitarnos en todo tiempo con tu gracia. Amén.

7. EL PECADO DE FLAQUEZA

«Y para que la grandeza de las revelaciones no me desvanezca, se me ha dado el estímulo de mi carne, que es como un ángel de Satanás, para que me abofetee. Sobre lo cual por tres veces pedí al Señor que le apartase de mí. Y respondióme: Bástate mi gracia; porque el poder mío brilla y consigue su fin por medio de la flaqueza. Así que con gusto me gloriaré de mis flaquezas, para que haga morada en mí el poder de Cristo» (2 Cor 12, 7-9).

1. Hay muchas personas que han logrado que les sea imposible cometer siquiera el más pequeño pecado consciente, deliberado. Sin embargo, todos los días tienen que reprocharse en mayor o menor grado determinadas faltas, que las oprimen y humillan, que las comprometen ante los demás y que son motivos de escándalo. Y eso a pesar de los mejores propósitos, a pesar de la mejor voluntad, a pesar de todos los esfuerzos para librarse de esas faltas.

Ésas no son faltas nacidas de mala voluntad, ni tampoco faltas cometidas con los ojos abiertos, con plena advertencia del espíritu o con entera libertad de la voluntad; tampoco son fruto de un criterio que mira el pecado venial sencillamente como una bagatela, como cosa sin ninguna importancia. Son «pecados de flaqueza», es decir, pecados, faltas nacidas de la debilidad humana, y, en fin de cuentas, consecuencia del pecado original. Esas faltas son, en sí mismas, miradas objetivamente, transgresiones de un mandamiento. Así, por ejemplo, el pronunciar con ligereza el nombre de Dios, lo cual, no obstante, considerado desde el punto de vista de aquel que de manera completamente irreflexiva pronuncia el santo nombre, no es verdadero pecado, porque faltan las condiciones del pecado, a saber, la conciencia, la advertencia y el sí enteramente libre de la voluntad; y faltan por completo (como en el caso de pronunciarse de un modo irreflexivo algún nombre sagrado), o en el sentido de que el querer libre se ve cohibido y limitado hasta tal punto, que no puede darse verdadero pecado.

2. Los pecados de flaqueza son pecados de inadvertencia o de debilidad de la voluntad: faltas de distracción, de precipitación, de irreflexión; faltas de un repentino sobresalto, de sorpresa o de momentánea ofuscación del espíritu. Ésas no nacen de una actitud fundamental de la voluntad; al contrario, están en contradicción con ella y son para nosotros, por decirlo así, cosas exteriores y fortuitas, consecuencia de una situación momentánea y concreta; pecados del instante, no pecados del modo de pensar. Tales pecados de flaqueza los cometemos con frecuencia a pesar de la mejor voluntad. Mientras la intención no sea culpable de alguna manera en sí misma, no habrá pecado en esas faltas de flaqueza. Sin embargo, no somos indiferentes e inactivos respecto a ellos. Apenas advertimos que, por ejemplo, hemos dicho una palabra imprudente por la precipitación, lo lamentamos y nos proponemos ser más prudentes en otra ocasión análoga. Si hemos dado escándalo, lo reparamos.

No ocurre lo mismo en las faltas de flaqueza, que proceden de una cierta debilidad de la voluntad. En excitaciones repentinas, por ejemplo, de impaciencia, de cólera, no pocas veces nos damos cuenta de que no obramos bien. Pero la voluntad se deja arrastrar por la fuerza espontánea de la vida instintiva: falla, es demasiado débil para ofrecer suficiente resistencia al impulso momentáneo: a un impulso de la sensualidad, de la curiosidad, de la amargura, del celo, de la sensibilidad, del espíritu de crítica, del descontento, del afán desordenado de sobresalir, del deseo desordenado de parecer importante e interesante, de destacarse, u otras cosas parecidas.

Acá abajo, en la tierra, no podremos eliminar por completo las faltas de flaqueza y hacerlas imposibles. Así nos lo enseña expresamente la Santa Iglesia (Concilio de Trento, sesión 6.ª, canon 29, Dz 839). «En muchas cosas todos faltamos» (Iac 7, 21). Hasta los santos han confesado siempre sin rodeos que ellos «pecan». También entre ellos se ve que la perfección en esta tierra jamás es tan grande y absoluta que no puedan ocurrir vacilaciones y faltas.

Es un consuelo para nosotros saber que estos pecados y faltas, si se tratan acertadamente, no sólo no nos causan perjuicio, sino que, al contrario, llegan a ser camino para ir a Dios, son una gracia. No es el número de pecados y faltas el índice supremo del alto nivel de la vida religiosa, pues eso lo es sólo el grado del amor a Dios. El crecimiento en la caridad pesa más que los eventuales pecados de flaqueza, que, además, no impiden el crecimiento en la caridad, sino que más bien lo promueven. Pues de tres maneras saca el hombre provecho de sus faltas diarias de flaqueza: reconoce y experimenta de una manera palpable que su propia limitación, su insuficiencia, sus fallas, son un medio de curación contra la complacencia en sí mismo, contra una especie de orgullo de sí mismo, de satisfacción de sí mismo, de la propia rectitud; son un camino para la humildad. Y el grado de humildad determina la medida de la gracia que se nos da. Con el reconocimiento humilde de la propia flaqueza e insuficiencia se une el conocimiento de que de nosotros mismos nada podemos esperar, pero que de Dios sí debemos esperarlo todo, aun lo más sublime. «El poder mío brilla y consigue su fin por medio de la flaqueza [del hombre]. Así que con gusto me gloriaré de mis flaquezas, para que haga morada en mí el poder de Cristo... Cuando estoy más débil, [con la gracia] soy más fuerte» (2 Cor 12, 9 s); nuestra flaqueza, cuando, humildes, nos sometemos a ella, nos da precisamente un título para la gracia de Dios. De esa manera esas faltas suscitan en nosotros la confianza en Dios. Y a esto se añade el tercer provecho: las faltas de flaqueza tienen positivamente la misión de llevarnos siempre de nuevo, en el transcurso del día, a Dios, a Cristo: con frecuentes elevaciones del pensamiento a Dios y con jaculatorias mediante las cuales nos arrepentimos, pedimos auxilio, damos gracias por la ayuda recibida y encarecemos ante Dios nuestra fidelidad y entrega. De esta manera las flaquezas, si reaccionamos acertadamente contra ellas, nos mantienen en perenne contacto espiritual con Dios y apoyan y fomentan nuestra vida de oración, nuestra unión con Dios.

Sería una equivocación el considerar estas faltas fundamentalmente como algo insignificante, que podemos sencillamente descuidar e ignorar. No, esas faltas son algo que desagrada a la santidad de Dios. Por eso no podemos ser neutrales frente a ellas. Al contrario: debemos esforzarnos sinceramente para rechazarlas y disminuir su número. ¿Cómo? Ante todo explotando de un modo positivo su valor y convirtiéndolas en camino que nos lleve a Dios. En nuestras debilidades, miradas con los ojos de la fe, vemos una cruz que nos ha sido impuesta por Dios para nuestra vida entera. Nos sometemos a la cruz, la aceptamos y la llevamos con paciencia por amor de Dios. Nos humillamos ante Dios, ante nosotros mismos y ante los demás, que son testigos de nuestras flaquezas. Éstas las utilizamos para levantar frecuentemente la mirada al Señor, implorando su auxilio para poder sostenernos, entregándonos a Él, confiándonos a Él. Lo decisivo es el amor a Dios. Si nos espolea el amor, perderá cada vez más fuerza e influencia el amor propio desordenado, que es la raíz más profunda y la fuente de casi todas nuestras faltas y flaquezas; crecerá con el amor a Dios y a

Cristo el amor al prójimo y la fuerza para ser pacientes, para perdonar, para sufrir y para vencernos; crecerá también el desapego interior de los valores, goces y bienes terrenales de los hombres y de las cosas; crecerá asimismo la sencillez cristiana que tan sólo mira a Dios y el honor de Dios, su voluntad y sus intereses, que ya no sabe de respetos humanos. El amor es el que ciega las fuentes no sólo de los pecados veniales, sino también de las faltas de flaqueza. El amor es el que conduce con la mayor rapidez y seguridad a la meta propuesta: disminuir y rechazar estas faltas. Con frecuencia, ciertas debilidades humanas nos cosechan toda clase de humillaciones de parte de las personas que nos rodean: expiaremos nuestras faltas sometiéndonos humildemente a estas consecuencias de nuestro fracaso. Así sacaremos provecho de nuestras diversas faltas de flaqueza convirtiéndolas en un camino para el bien, para la entrega a Dios y para la virtud. Finalmente, descubrimos las fuentes más profundas de las faltas que cometemos por precipitación y por flaqueza. Estas fuentes son: nuestra vida sentimental desordenada y la debilidad de la voluntad. Pero esto no es posible sin una autoeducación consecuente, sin oración y ascética, y sin la gracia salvadora de Dios; es decir, sin una buena medida de la gracia santificante y las virtudes teologales de fe, esperanza y caridad que con ella se infunden al alma.

3. Con el progreso en la vida interior, poco a poco llegaremos a no cometer ni tener que confesar apenas otros pecados que los de debilidad. Precisamente en esta materia es donde la confesión frecuente tiene que mostrar su eficacia. Quien practica la confesión frecuente contrae para con el santo sacramento, para consigo mismo y para con la Iglesia, la obligación de tomar muy en serio el cometido de disminuir sus faltas de flaqueza. Con razón se afirma que los «beatos» son los peores enemigos del cristianismo, de Cristo y de la Iglesia, porque no viven su

religión ni su devoción, porque a pesar de la confesión y comunión frecuentes, con su falta de dominio, con sus tropiezos en el campo de la caridad, con su volubilidad y susceptibilidad, son motivos de escándalo y, en la vida práctica, no ponen de manifiesto la fuerza que posee la fe católica, la que tienen nuestros santos sacramentos para transformar al hombre, para modelar al hombre nuevo que en todo represente y encarne el espíritu y la vida de Cristo. Quien no toma realmente en serio la lucha contra las faltas diarias cometidas por precipitación y por flaqueza abusa de la confesión frecuente. Para que la confesión frecuente resulte eficaz y fructuosa contra esta clase de faltas, es necesario que seamos consecuentes y obremos según un orden determinado.

En primer lugar, son objeto de la confesión frecuente aquellas faltas que se manifiestan al exterior, que ponen de punta los nervios de los demás, que escandalizan y desacreditan la piedad. Consecuentes en el sentido de atenernos a este principio fundamental: poco, pero bueno; debemos examinar pocas o solamente una de estas faltas, pero con serio arrepentimiento y un propósito concreto y definido, y de manera que en el propósito lleguemos hasta la más profunda raíz de esta falta. Huelga decir que con todo celo pediremos a Dios la gracia de vencer cada vez más una y otra falta que, infatigables, constantes y consecuentes, hicimos objeto —durante semanas y meses— de nuestra confesión. La confesión misma ahonda y fortalece en nuestra alma la gracia santificante y trae consigo abundancia de gracias coadyuvantes. De esta manera, las energías del hombre nuevo, superior y espiritual, se aumentan en nosotros, y toda la vida instintiva y sentimental, así como también la volitiva, se cura y fortalece. De esta manera, la confesión frecuente adquiere una importancia grande, muy grande para la formación y estructuración de nuestra vida cristiana. Para el cristiano que sinceramente aspira a la perfección, la confesión frecuente es una ayuda real, una gracia.

Oración

Dios eterno y omnipotente, dirige tu mirada compasiva a nuestra flaqueza y extiende la diestra de tu majestad, para protegernos, por Cristo, nuestro Señor. Amén.

8. LA VIDA PERFECTA

1. En estos tiempos cruciales de hoy, cuando los hombres sufren y se quejan, cuando preguntan y se excitan, cuando lo que hasta ahora tuvo vigor no ha de tenerlo ya, cuando se pretende que todo tiene que renovarse —Estado, política, economía, vida social, derecho, moral, toda la vida cristiana, hasta la Iglesia y la fe —, cuando se hacen las más diversas propuestas y se recomiendan los medios más variados para lograr la salvación y el saneamiento, es más necesario que nunca abrir nuestro corazón al llamamiento de Dios, el único que muestra el camino para la salvación y curación: «Renovaos en el espíritu de vuestra mente» (Eph 4, 23). El mal fundamental de que sufre nuestra época y todos nosotros estriba en que la vida interior de la humanidad, hasta en los cristianos, se ha debilitado. La salvación no está en que coqueteemos con las máximas del mundo o con la llamada opinión pública, en que nos adaptemos a la momentánea corriente ideológica, sino más bien en que nos recojamos dentro de nosotros mismos y adquiramos conciencia de la fuerza sobrenatural que Dios ha puesto en nosotros y procuremos que estas fuerzas se desarrollen por completo, en un pensar y obrar enteramente cristiano. Lo que falta a nuestro tiempo son hombres nuevos, hombres íntegros, cristianos nuevos, cristianos verdaderos, espirituales, perfectos, que empeñen todas sus fuerzas para responder al llamamiento

del Señor: «Sed perfectos como es perfecto vuestro Padre que está en los cielos» (Mt 5, 48).

¡Elevado ideal! El Señor lo desarrolla con detención en el sermón de la montaña. Como título brilla en él la palabra del Señor: «Si vuestra justicia no sobrepuja la justicia de los escribas y fariseos, no entraréis en el reino de los cielos» (Mt 5, 20). Después, el Señor contrapone seis veces la perfección nueva y cristiana a la antigua: «Se dijo a vuestros mayores... Yo os digo más. El reino de Dios, la perfección cristiana no consiste en palabras, no consiste en decir "Señor, Señor", sino en la obra, en mostrar y probar su fuerza; en que seamos pobres de espíritu, mansos, hambrientos y sedientos de justicia, pacíficos, inclinados a la reconciliación; consiste en que resueltamente sacrifiquemos las cosas más queridas si se convierten para nosotros en pecado; en que amemos a los enemigos, los miremos con benevolencia y les hagamos bien; en que hagamos a los hermanos todo lo que ellos esperan de nosotros» (Mt 5, 1-42).

El sermón de la montaña no es solamente un consejo bien intencionado para unos pocos, para los elegidos, sino ley válida para todos. Tenemos que tomar el sermón en serio. Se necesita valor para ser de otra manera que los demás, para no equipararnos a la masa, para cosechar incomprensión, para que se nos interprete y juzgue mal, para que se nos condene y ridiculice. Sin embargo, Cristo nos alienta: «Entrad por la puerta angosta, porque la puerta ancha y el camino espacioso son los que conducen a la perdición, y son muchos los que entran por él. ¡Oh, qué angosta es la puerta y cuán estrecha la senda que conduce a la vida! ¡Y qué pocos son los que atinan con ella!» (Mt 7, 13-14). «Guardaos de los falsos profetas que vienen a vosotros disfrazados con pieles de oveja, mientras que por dentro son lobos voraces. Por sus frutos los conoceréis. ¿Acaso se cogen uvas de los espinos, o higos de las zarzas? Así es que todo árbol bueno produce buenos frutos, y todo árbol malo da frutos malos. Un árbol bueno no puede dar frutos malos, ni un árbol malo darlos buenos. Todo árbol que no da buen fruto, será cortado y echado al fuego» (Mt 7, 15-20). El Señor habla muy seriamente en su sermón. «Todo el que oye estas palabras mías pero no las sigue, se asemejará a un hombre insensato que edificó su casa sobre arena: y bajó la lluvia y vinieron los ríos y soplaron los vientos y rompieron contra aquella casa y cayó y fue grande la ruina de ella» (Mt 7, 26 s). Y, a la inversa, el que escucha o sigue sus palabras, se asemeja a «un hombre cuerdo que edificó su casa sobre roca. La casa no fue destruida» (Mt 7, 24-25).

El Señor exige mucho; reclama heroísmos. ¿Cómo podemos realizar sus exigencias? También respecto al sermón de la montaña hay comienzo, progreso y fin. El verdadero cristiano se esfuerza incansablemente para llegar a las sublimidades ideales del sermón de la montaña. Debemos luchar incesantemente con un santo descontento en nuestro corazón. Jamás podremos decir: Lo he logrado. Más bien, con San Pablo, iremos corriendo hacia el hito para alcanzarlo. «No pienso haber tocado al fin de mi carrera. Mi única mira es, olvidando las cosas de atrás, y atendiendo sólo y mirando a las de delante, ir corriendo hacia el hito, para ganar el premio a que Dios llama desde lo alto por Jesucristo »(Phil 3, 13-14).

2. ¿Qué cosa es la perfección cristiana? No está fuera de los demás deberes del cristiano, ni más allá de ellos. No consiste en ningún deber especial, sino solamente en el esfuerzo de hacer por entero, con toda seriedad y en todo su alcance, lo que estamos obligados a hacer y sacrificar, en la Iglesia y en el Estado, como hombres y como cristianos, en casa y en público, en lo natural y en lo sobrenatural. Ella es el compendio de todos los deberes.

La vida perfecta no consiste en la cantidad de ejercicios religiosos, oraciones, devociones, ni en obras meramente exteriores, ni en alardes de la vida de sacrificio y de virtud, ni en actos difíciles de renunciamiento, de penitencia. La vida perfecta reside en el interior. Es el modo de pensar, es la actitud interior, sobre todo la actitud de amor perfecto a Dios, el cumplimiento del gran mandamiento: «Amarás al Señor, tu Dios, con todo tu corazón, con toda tu alma, con todas tus fuerzas, y al prójimo como a ti mismo» (Mt 22, 37). Perfectos somos en la medida en que hemos llegado a la unión y semejanza con Dios. Pero ésta se realiza mediante el amor. Éste es el que nos une con Dios y nos hace semejantes a Él. «Quien al Señor se allega, es un espíritu con Él» (1 Cor 6, 17): dos llamas que se mantienen unidas.

Somos perfectos en la medida en que amamos. Amor, caridad tiene todo el que se encuentra en estado de gracia santificante, es decir, el que guarda los mandamientos de Dios y, por consiguiente, no comete ningún pecado grave. ¿Es por eso ya perfecto? No; perfectos en el verdadero sentido lo seremos tan sólo desde el momento en que la caridad sea en nosotros tan fuerte y eficaz, que nos eleve por encima, y nos libre, de toda o casi toda infidelidad, transgresión y pecado venial, de alguna manera conscientes y deliberados. Sí, verdaderamente perfectos sólo llegamos a serlo cuando el amor a Dios nos hace y mantiene tan fuertes y avisados, que, en la medida de lo posible, evitamos hasta los pecados y faltas por precipitación y por flaqueza, y disminuimos su número e índole. Pero eso sería únicamente un lado de la vida perfecta: el lado negativo. La perfección aparece en toda su grandeza y plenitud si la miramos por su lado positivo. Ella hace todo el bien, es decir, hace todas y cada una de las cosas mandadas por Dios y que no podría omitir sin pecado y ofensa de Dios. Sí, la caridad va más allá de lo mandado por Dios, de lo que es estricto deber, y, en la medida que le es posible, hace mucho más que lo que está mandado y puede omitir o hacer de otra manera sin pecar. No hace únicamente lo que es bueno y justo: trata también de hacer lo que es mejor, lo que más honra a Dios, lo que más favorece sus intereses y más le agrada. Ésa es la caridad en su cumbre, en su perfección; ella no solamente excluye todo lo que tiene que desagradar a Dios, sino que excluye además todo lo que tendría que agradar menos a Dios e impulsa a lo que más agrada a Dios y más le glorifica y honra. La perfección realiza todo bien. Y lo hace completamente desde dentro, es decir, por amor a Dios, por Él, para honrarle y para hacer su santa voluntad. Y exteriormente, con entera fidelidad, puntualidad, atención y cuidado. Y todo eso no sólo por un par de días o meses, sino duraderamente, día por día, mes por mes, durante toda la vida, sin cansarse y con esfuerzo siempre nuevo para lograr mayor perfección, mayor pureza y santidad.

La vida perfecta, en su desarrollo y perfección, no es tanto el fruto de nuestro propio trabajo como el fruto de la operación de la gracia. Dios mismo la produce en nosotros para elevarnos a una perfecta unión consigo. Para este fin toma Él el martillo y el cincel en la mano y trabaja en nuestra alma, para hacerla completamente pura, completamente hermosa y digna de sí. «Porque son tantas y tan profundas las tinieblas y trabajos, así espirituales como temporales, por los que ordinariamente suelen pasar las dichosas almas para poder llegar a este estado de perfección, que ni basta ciencia humana para saberlo entender, ni experiencia pasa saberlo decir» (SAN JUAN DE LA CRUZ, *Subida del Monte Carmelo*, prólogo). Se trata de la completa victoria sobre el amor propio, la sensualidad y la pereza, sobre la impaciencia, sobre los impulsos de la naturaleza, sobre la actividad natural, sobre todo lo que se opone al espíritu de fe, de confianza en Dios y de amor puro. Esto no se logra sin muchos dolores, padecimientos y pruebas interiores y exteriores, sin grandes y dolorosas sequedades, tinieblas, angustias del alma, hasta experimentar el sentimiento de ser rechazados y abandonados de Dios mismo. Sólo cuando se han sufrido estas dolorosas «purificaciones», es cuando se encuentra el alma madura para la unión perfecta con Dios. Entonces es cuando Él se comunica a ella con magnificencia maravillosa y la transforma: Dios y el alma se hacen una sola cosa como el cristal y el rayo de sol, como el carbón y el fuego.

3. La perfección es vida, vida riquísima, verdadera vida, un bien infinitamente superior a todo genio natural, a todo lo que la tierra y la vida nos pueden ofrecer.

La perfección es plenitud; es el desarrollo pleno del amor, y con el amor todas las virtudes cristianas llegan a su desarrollo, están fuertemente trabadas y unidas entre sí y aumentan recíprocamente su fuerza y su actividad. Sólo entonces las obras del alma perfecta son en verdad como deben ser.

La perfección es, finalmente, la glorificación más alta de Dios, una alabanza continua y santa de Dios, de su bondad, de su poder, de su amor, de su pureza y santidad; un constante y perfecto homenaje a sus mandamientos, a su santa voluntad, a cada uno de sus deseos, a cada moción de su gracia; es un «Sí, Padre» a todo lo que Él exige, a lo que Él nos da y quita. «Sí, Padre, por haber sido de tu agrado que fuese así» (Mt 11, 26).

Eso es lo que ante todo necesita nuestra época: cristianos y religiosos enteros, verdaderos, perfectos, almas que tomen con toda seriedad el sermón de la montaña. ¿Cómo es que tantos sacerdotes y religiosos y «almas devotas» viven de una manera meramente natural, refunfuñan cuando alguna vez son reprendidas o se las trata poco amistosamente, son muy sensibles a la estima y al aplauso de los hombres, aman la comodidad y buscan lo que adula a su amor propio? En primer lugar, ello obedece a que con sus pecados veniales y con sus muchas imperfecciones obstaculizan la operación del Espíritu Santo en su alma, ya que no se esfuerzan bastante para librarse de los pecados veniales y de sus raíces. Lo primero ha de ser, pues, vencer los pecados veniales.

Así vemos de nuevo la importancia de la confesión frecuente, que se dirige precisamente a vencer los pecados veniales. ¿Será mera casualidad el que la Santa Iglesia, precisamente a aquellos que están obligados a aspirar a la perfección cristiana, a los sacerdotes, seminaristas, religiosos, les prescriba como deber la confesión frecuente o semanal? (Código de Derecho Canónico, cáns. 125, 595, 1367.) No; en el sentir de la Santa Iglesia, es la confesión frecuente un medio especialmente eficaz para llegar a la perfección cristiana. Nuestro Santo Padre, Pío XII, recomienda precisamente la confesión frecuente «con mucho encarecimiento», «para progresar cada día con más fervor en el camino de la virtud». Mediante la confesión frecuente «se desarraigan las malas costumbres, se hace frente a la tibieza e indolencia espiritual, se purifica la conciencia, se robustece la voluntad» (Encíclica sobre el Cuerpo místico de Cristo). Por eso también para nosotros es la confesión frecuente un medio especialmente valioso en nuestra lucha por el fin que nos ha sido fijado. Apreciamos la confesión frecuente y nos esforzamos por hacerla bien y por demostrar a los que nos rodean la fuerza de la confesión frecuente mediante la aspiración seria a la perfección cristiana.

Oración

Señor, Tú que mediante la gracia del Espíritu Santo has infundido en los corazones de tus creyentes los dones de la caridad, concédenos que te amemos con todas nuestras fuerzas y que con todo amor realicemos lo que es de tu agrado. Amén.

9. LAS IMPERFECCIONES

«Corred para alcanzar la caridad» (1 Cor 14, 1).

1. El Evangelio nos pone ante la vista un ideal elevado: «Es menester que cumplamos con toda justicia» (Mt 3, 15). El Señor recomienda el celibato «por amor del reino de los cielos» (Mt 19, 12). Al

joven rico le explica Jesús: «Si quieres ser perfecto, anda y vende cuanto tienes y dáselo a los pobres y tendrás un tesoro en el cielo; ven después y sígueme» (Mt 19, 21). Y nos dice: «No hagáis frente al malo. Más bien a quien te da una bofetada en la mejilla derecha, ofrécele también la otra. Y al que quiera pleitear contigo y tomarte la túnica, déjale también el manto. Y a quien por fuerza te llevare una milla, vete con él todavía otras dos. A quien te pide, dale. Y a quien quiere tomar de ti dinero prestado, no le rechaces» (Mt 5, 39 ss). A uno que le quiere seguir, pero antes quiere dar sepultura a su padre, le dice: «Deja a los muertos enterrar a sus muertos, mas tú anda y anuncia el reino de Dios» (Lc 9, 60).

«Todo cuanto queráis que los hombres os hagan a vosotros, hacedlo asimismo vosotros a ellos» (Mt 7, 12). Lo que Él ha enseñado, eso lo ha practicado Él mismo del modo más perfecto.

No es bastante luchar contra el pecado. Hemos de hacer el bien, y hacerlo de manera perfecta. Nuestra vida diaria se compone de acciones, pensamientos, deseos y obras buenas o moralmente indiferentes. Escribo, por ejemplo, una carta, leo un libro bueno en sí, estudio, descanso de un trabajo hecho; me siento a la mesa y tomo el alimento necesario; aprovecho la ocasión que se me presenta y doy un paseo, y me permito un rato de charla: cosas todas ellas que en sí no son ningún pecado, que están permitidas, y moralmente no merecen reproche alguno.

Hacemos, pues, el bien. Pero a menudo no lo hacemos tan bien como podríamos en las circunstancias dadas; y muchas veces no hacemos todo el bien que en las circunstancias dadas podríamos hacer. Podríamos hacer todavía más bien, y lo que hacemos podríamos hacerlo aún mejor, más perfectamente. Hacemos lo que, ante Dios y ante nuestra conciencia, estamos en el deber de hacer, cumplimos lo que Dios nos manda; no hacemos, por tanto, ningún pecado. Pero sería más grato a Dios, lo honraría y glorificaría más, le complacería más, que hiciéra-

mos aún más bien, que lo bueno que hacemos lo
hiciéramos aún mejor. Podríamos rezar más y mejor;
podríamos dominarnos más, vencernos más, hacer
más sacrificios; podríamos renunciar allí donde nos
es permitido gozar; podríamos despegarnos aún más
de las cosas de este mundo, de las cosas sensibles;
podríamos suprimir más costumbres que se nos han
hecho agradables, relaciones y ocupaciones a las que
con facilidad se pega algo defectuoso. Lò bueno
que hacemos, podríamos hacerlo con más celo, con
más perseverancia, con mayor decisión, alegría y
abnegación. Podríamos amar al prójimo más todavía, mostrarnos con él más serviciales, más cordiales,
más efusivos de lo que nos exige el precepto de la
caridad. Nosotros, los religiosos, podríamos observar
nuestros santos votos mejor y con mayor fidelidad.
Obramos perfectamente cuando en cantidad hacemos todo el bien posible en nuestras circunstancias,
es decir, si aprovechamos todas las ocasiones para el
bien y reparamos en todas las oportunidades que
cada día y a cada hora se nos ofrecen. La perfección
exige, además, que también cualitativamente lo hagamos todo, lo grande y lo pequeño, lo mejor posible; tan bien como sea posible según la intención,
y en la ejecución: puntualmente, en el momento
oportuna y de la manera más acertada. Mas si hubiéramos de decirnos que lo bueno que hemos hecho
podríamos haberlo hecho mejor — tanto interiormente, en cuanto al motivo, como exteriormente, mirando
a la obra misma —, en tal caso ciertamente habríamos
obrado bien y rectamente, habríamos hecho lo que
Dios nos ordena, no habríamos quebrantado ningún
mandamiento divino, no habríamos pecado, pero habríamos podido obrar aún mejor; es decir, hemos
obrado moralmente bien, pero no de manera perfecta,
sino imperfecta.

2.   ¿En qué consiste este obrar imperfecto? Hacemos algo bueno, o por lo menos moralmente indiferente, no hacemos nada malo ni pecaminoso. Lo

que hacemos no es, pues, en sí, ningún pecado, ninguna transgresión de un mandamiento divino. Pero a menudo no deja de tener alguna falta en lo que concierne a la causa de la que brota la acción imperfecta. Esta causa es una inclinación desordenada a una persona, a un trabajo, a la salud, al dinero y a las riquezas; o una cierta sensualidad, temor al sacrificio, comodidad, alguna forma cualquiera de egoísmo desordenado, en el fondo más íntimo, una tendencia torcida de la voluntad. En virtud de esta orientación pecaminosa de la voluntad, de la cual brota la imperfección, puede la imperfección ser objeto de la santa confesión. Y aun cuando la imperfección no sea en sí misma ningún pecado, sin embargo, para la formación y desarrollo de la vida interior, es de importancia decisiva. Es y continúa siendo la posposición de un deseo de Dios, de algo que, humanamente hablando, Dios espera de nosotros, a un placer o a un desplacer que se apodera de nosotros. Dios no me manda, pero sí me recomienda, que haga tal cosa y la haga de esa manera, pero yo no atiendo a su deseo porque prefiero una cosa que me es más grata. Bebo un vaso de agua para apagar mi sed. El motivo determinante de que yo beba es mi deseo de apagar mi sed. A Dios le he olvidado por completo. Me he parado en mí mismo, en mi satisfacción. Mi yo, mi necesidad en primer lugar, antes de Dios. ¿Es eso un pecado? No. ¿Es un obrar imperfecto? ¿No podía ser mejor, más perfecto? Sí, podía y debía ser mejor. Eso es una imperfección: nos buscamos a nosotros mismos antes que el honor de Dios, y eso en cosas y acciones buenas y moralmente indiferentes, y cuando no hay ofensa expresa de Dios. Es un desorden, un trastorno del verdadero orden, que reclama que Dios ocupe el primer lugar y yo el segundo. Por eso la imperfección es siempre una desvalorización de lo bueno que podríamos hacer; una desvalorización de toda nuestra vida, que va formándose de acciones buenas o moralmente indiferentes. Por eso, mediante nuestra conducta imperfecta, nos privamos de muchas gracias y del impulso, del acicate moral. La vida religiosa entera es detenida y obstaculizada en su desarrollo. Nos quedamos retrasados en el crecimiento, y nos asemejamos a un hombre que no se ha desarrollado: un enano, una figura contrahecha. Tendríamos que trabajar con cinco talentos, pero rendimos tan sólo como si se nos hubiesen confiado dos. ¿Puede estar Dios satisfecho de nosotros? Debemos, pues, poner mucho empeño en elevarnos por encima de nuestro obrar, muy imperfecto. ¿Cómo? Educándonos para una visión profunda de la santidad y grandeza de las cosas de la vida sobrenatural, para una alta y verdadera estima de lo «mejor», de lo perfecto; es decir, en último término, de la gloria de Dios, de la alabanza de Dios. Gracias a la profunda estima de lo perfecto y del cielo por la gloria de Dios, lograremos no quedar ya parados y aturdidos en los motivos puramente naturales y humanos, como lo hacemos en general. Nos elevaremos hasta por encima de los motivos del temor al castigo de Dios y de esperanza en el cielo, es decir, nos elevaremos sobre los motivos de la caridad imperfecta. Sobre todo procuraremos seguir siempre el camino del amor perfecto a Dios y a Cristo. No, por cierto, sofocando los motivos e impulsos naturalmente nobles, sino subordinándolos en lo que tienen de buenos y de nobles al gran motivo de la caridad perfecta y poniéndolos a su servicio. Dios, su gloria, su voluntad, su deseo, su interés es lo que nos interesa por encima de todo. En todo y a través de todo avanzamos hacia Él con una profunda mirada de fe y con un corazón lleno de amor. Cuanto más nos dejemos guiar y determinar por la caridad perfecta de Dios, tanto más nos purifiicaremos de las imperfecciones y nos elevaremos a una manera perfecta de obrar, a una glorificación perfecta y total de Dios. Sólo entonces se cumplirá plenamente el sentido de la vida cristiana, observando el mandamiento principal: «Amarás al Señor, Dios tuyo, de todo corazón y con toda tu alma y con toda tu mente» (Mt 22, 37).

3. ¿Pueden confesarse las imperfecciones? De suyo no, por cuanto el obrar imperfecto no es en sí ningún pecado. Una oración hecha con disipación y distracción inconsciente e involuntaria no es pecado; aún más, si hay intención sincera, la oración será buena, grata a Dios, mientras el que ora no se dé cuenta de su distracción. En cambio, las causas que dan lugar al obrar imperfecto, éstas sí pueden ser materia de confesión. Estas causas son una desordenada inclinación al propio yo, a determinadas criaturas, trabajos y aficiones; y luego, la comodidad, el temor al sacrificio, la sensualidad, la frivolidad, en toda caso una actitud desordenada de la voluntad.

Respecto a estas causas, no menos que respecto a la naturaleza y a los efectos perniciosos del obrar imperfecto, es importante que tomemos en serio nuestras imperfecciones. Por eso, en la santa confesión, en el examen de conciencia y en la acusación, profundizamos en las fuentes y causas de nuestra manera de obrar imperfecta. Formamos el propósito de un modo positivo, con toda deliberación: Haré todo el bien que me sea posible en mis circunstancias según mi saber y entender; lo haré de manera que procure a Dios, a nuestro Salvador, mayor honra, como a Dios le sea más grato, con todo celo, con la mayor abnegación; lo bueno que haga lo haré por motivos de amor perfecto, de manera que todos los otros motivos naturales buenos, así como los sobrenaturales pero aún imperfectos, estén sostenidos y animados por el motivo de la caridad perfecta.

Cuando trabajamos de un modo tan positivo, cortamos la influencia de las causas de nuestra conducta imperfecta y logramos el fin apetecido. El amor, el motivo del amor y la acertada subordinación de los otros motivos al motivo fundamental del amor, son lo decisivo. Es claro que para eso necesitamos grandes y poderosos auxilios de la gracia. Debemos implorarlos de Dios con oración humilde y fervorosa.

Un gran auxiliar puede y debe ser para nosotros el confesor. También para él lo importante es que lleguemos a las cumbres de la vida perfecta, y que lo bueno que hacemos lo hagamos por completo, con perfección.

De esa manera aprovechamos el gran medio de la confesión frecuente, para lograr con la gracia de Dios que nuestra vida diaria llegue a ser un *Gloria Patri et Filio et Spiritui Sancto* verdadero, sonoro, sin ninguna disonancia.

Oración

Ensancha mi corazón en el amor, Señor, para que en mi interior aprenda a gustar cuán dulce es amar y deshacerse en amor. Haz que tu amor me una a Ti y que yo me eleve sobre mí mismo, lleno de ardiente celo y de éxtasis.

Haz que yo cante el cántico del amor.

Haz que siga a mi amado, camino hacia el cielo.

Que mi vida transcurra en tu alabanza, jubilosa de amor.

Haz que yo te ame más que a mí mismo, y que a mí mismo sólo me ame por Ti, y que a todos los que a Ti verdaderamente te aman yo también los ame en Ti.

(KEMPIS, *Imitación de Cristo*, lib. 3, cap. 5 y 6.)

10.   EL AMOR PROPIO

1. Escribe SAN AGUSTÍN en su obra *De civitate Dei*, 14, 28: «Dos amores distintos han edificado ambas ciudades, la ciudad de Dios y la del demonio, la del mundo: el amor a sí mismo hasta llegar al desprecio de Dios edificó la ciudad del mundo, el amor a Dios hasta llegar al desprecio de sí mismo

edificó la ciudad de Dios.» En torno a estas dos formas del amor gira toda la vida y el destino del hombre y de la humanidad.

Hay un amor a sí mismo bueno, recto, ordenado, y hay también un amor a sí mismo desordenado, pecaminoso, torcido.

El ordenado amor a nosotros mismos nos ha sido dictado como norma de amor al prójimo: «Ama al prójimo como a ti mismo» (Mt 19, 19). Y San Pablo escribe: «Nadie aborrece jamás su propia carne, sino que la alimenta y la abriga como Cristo a la Iglesia» (Eph 5, 29). La Iglesia defiende la razón del ordenado amor a sí mismo, rechazando las diversas herejías que pretenden sea pecado hacer u omitir algo con miras a la propia bienaventuranza. Asimismo declara imposible que siempre y continuamente persigamos nuestra propia perfección, virtud y bienaventuranza sólo por amor a Dios y con exclusión de toda atención a nuestros propios deseos de felicidad (cf. Dz, 1330 ss, 1345). No; nos está permitido amarnos a nosotros mismos, querernos y desearnos bien, incluso debemos amarnos a nosotros mismos; así lo pide nuestra naturaleza, a la que es profundamente innato el deseo de felicidad. ¿No podemos, no debemos acaso amar a Dios, al prójimo, a la virtud, a la eterna bienaventuranza también por razón de ser un bien para *nosotros,* por responder a nuestro natural impulso hacia la felicidad, a nuestros más profundos deseos? Sí; este amor a nosotros mismos es la premisa natural, la condición previa y base natural de nuestro amor a Dios, según las palabras de San Bernardo: «Primero se ama el hombre a sí mismo por sí mismo; luego ve que no se basta, y ama a Dios, no por amor a Dios, sino por amor a sí mismo; luego aprende a penetrar más profundamente en Dios y ama a Dios por amor a Él y no por amor a su propio yo» (*De dilig. Deo* 15, 39). Nos está permitido desear bienes naturales: talento, sabiduría, grandeza de carácter, noble humanidad, fuerza de voluntad. También podemos amar al cuerpo y cuidar rectamente de él, pero de forma que la principal atención sea para nuestra alma, que sea dueña y señora del cuerpo y de la carne, que gane en virtud, se acerque a Dios y alcance la eterna salvación. El amor a nosotros mismos estará perfectamente ordenado cuando nos amemos por amor de Dios, es decir, como criaturas, como hijos de Dios, como instrumentos de su gloria, capacitados y llamados para servirle, para trabajar y sufrir por Él, recibir sus dones y su gracia y emplearlos en hacer su santa voluntad.

El amor se convierte en santo aborrecimiento de nosotros mismos. Pues hay mucho aborrecible en nuestra humanidad: el pecado que cometemos, la inclinación al pecado y la indolencia frente al bien. Nos aborrecemos en cuanto castigamos en nosotros el pecado que cometemos; en cuanto combatimos la inclinación al mal mediante la renuncia y el ascetismo y en cuanto buscamos el bien con todas nuestras fuerzas. Aborrecemos especialmente nuestro cuerpo en cuanto lo disciplinamos y subordinamos y sometemos a las leyes del espíritu y de la razón y a los mandamientos y normas del Evangelio. Este aborrecimiento de nosotros mismos nos es encomendado como deber sagrado: «Si alguno viene a mí y no aborrece a su... propia vida, no puede ser mi discípulo» (Lc 14, 26). «El que quiera venir en pos de Mí niéguese a sí mismo» (Mt 16, 24). Este aborrecimiento de sí mismo es sagrado amor de uno mismo, condición previa del auténtico y fuerte amor de Dios. «Para que podamos amar a Dios perfectamente, hemos de aborrecernos perfectamente a nosotros mismos», dice un maestro espiritual. Así lo observaban nuestros queridos santos. Para San Juan de la Cruz, este santo aborrecimiento de sí mismo, en virtud del cual se declaró a sí mismo la guerra como a su mayor enemigo, fue el punto de partida para su grande y desacostumbrada santidad. «Castigo mi cuerpo y lo esclavizo» (I Cor 9, 27). ¡Ojalá también nosotros estemos llenos de este santo aborrecimiento

97

de nosotros mismos, y en especial de nuestra carne y sus inmoderados apetitos!

2. Al desordenado amor de sí mismo lo llamamos egoísmo o desmedido amor propio, causa última y origen de todos los pecados y faltas en nuestra vida. Y el pecado en el Paraíso fue el fruto del desmedido amor propio. Toda la historia de crímenes, guerras, cismas, divisiones, falta de caridad, desde los primeros días de la humanidad hasta el momento presente, no es sino la continua manifestación del egoísmo y amor propio que anidan en el corazón humano. Él es la raíz de todas las pasiones. Indecible es el daño que causa a la humanidad, a los pueblos, a las familias y a sus individuos en particular.

El amor a nosotros mismos también nos asalta a los cristianos que nos esforzamos por vivir una vida digna de Dios y de Cristo. Él nos hace experimentar por la propia persona mayor agrado y complacencia de lo que merece. Por eso quita el amor debido a Dios y al prójimo. No es raro que anteponga el cuerpo, la salud, el bienestar y la satisfacción corporal, la fuerza y belleza físicas al bien del alma y se preocupe desproporcionadamente por estos valores de segundo orden. En la vida religiosoespiritual, aspira desmedidamente a una mayor virtud y a la ausencia de toda falta y «debilidad» por un secreto deseo de «ser alguien», por orgullo y vanidad.

Vuelve al alma intranquila, descontenta, impaciente cuando en la oración y en la piedad no salen las cosas a medida de los deseos, cuando sufre distracciones y no puede rezar tan «bien» como quería y había pensado. El amor a sí mismo se hace notar de manera especial en la conducta frente al medio circundante: le hace volver a uno susceptible, irritable, áspero, deseoso de notoriedad, criticón; le hace frío, indiferente, retraído, celoso, injusto en juicios y afirmaciones, despectivo, a la vez que roba la paz interior, que es el alma de la vida espiritual; engendra un exagerado concepto de nuestra importancia, destruyendo así la humildad; vuelve receloso al natural, nos hace de día en día más irritables, excitados, incapaces de amar, y nos hunde en una vida de completa distracción, sin atención honda ni viva para las cosas divinas. También en materia de piedad pretende ser más que los otros, les niega sus buenas cualidades, sólo ve sus faltas y defectos, les atribuye intenciones torcidas. En la vida de la comunidad, de la familia, de la parroquia, del convento, se exterioriza en forma de intento de seguir en lo posible caminos propios y prescindir de los de la comunidad, de ser en determinadas cosas más rígido de lo que prescribe la regla y de lo que son en su vida los demás. Le gusta lo extraordinario, quiere descollar, valer, mandar, dirigir, darse importancia. Gusta de salirse de la obediencia, es propenso a la crítica, al descontento, a la falta de caridad para con iguales y superiores.

El amor de sí mismo es la raíz de las perturbaciones interiores, de la falta de tranquilidad, de los temores, de los desengaños, de tantos «buenos propósitos» y planes que impiden al espíritu conseguir la calma y le roban la paz interior. Es la última y más profunda causa de todos nuestros pecados, infidelidades y faltas. El mundo, el demonio y la carne únicamente pueden dañarnos encontrando en nosotros mismos el enemigo con que aliarse. Él es el enemigo de Dios: pues gira en torno al propio yo, se vive a sí mismo, no a Dios. Es el antagonista declarado de Dios y del santo amor de Dios. Como enemigo del amor a Dios, es también enemigo del cristiano amor al prójimo. El verdadero amor, la caridad, nos dice el Apóstol, «es sufrida, es bienhechora, no tiene envidia, no busca sus intereses...» (1 Cor 13, 4). El amor propio es enemigo de todo noble sentimiento, de toda rectitud de corazón; hace al hombre avieso, falto de carácter y de veracidad, caprichoso, hipócrita, rastrero, y es en gran parte el origen de estados y conductas histéricas. «El verdadero amor al prójimo vive la vida de miles de almas;

el amor de sí mismo vive una sola, y ésta es estrecha, mezquina, miserable», dice un escritor moderno. Cuanto más se ame uno a sí mismo, tanto más es enemigo de sí mismo.

Resulta, pues, claro que toda noble humanidad y todo progreso sobrenatural se basan en la destrucción del amor de sí mismo. Solamente sobre las ruinas del amor a sí mismo puede alzarse el hombre naturalmente noble y, ante todo, el hombre nuevo, el hombre de la gracia. Por eso interesa ante todo liberarse del desordenado amor de sí propio, del egoísmo. Y esto, en cuanto está al alcance de nuestros esfuerzos, mediante mucha oración, mucho dominio de las propias inclinaciones y pasiones, del orgullo, de la vanidad, de los caprichos, del espíritu de contradicción, de la charlatanería, de la curiosidad, por medio de una vida de obediencia, de completa integración en la vida de comunidad, por medio de una vida consciente y abundante caridad para con el prójimo. Por eso es la caridad algo tan hermoso, grande y deseable, porque preserva del amor a sí mismo y lo expulsa del espíritu. Sí, sólo por medio de la caridad puede el hombre verse libre del amor a sí mismo: cuanto más crece en nosotros el amor a Dios, a Cristo, al prójimo, tanto más decrece el amor a uno mismo.

De todos modos, la tarea principal en la lucha contra el amor a sí mismo debe asumirla el mismo Dios. En su amorosa preocupación por nosotros, nos lleva a su escuela, a la escuela del dolor, de las humillaciones, de los padecimientos físicos, de las dificultades, fracasos, desengaños, enfermedades; de las pruebas y sufrimientos internos, sequedades y tentaciones de todas clases. Con ello nos proporciona un más profundo, curativo y experimentado conocimiento de nuestra propia insignificancia, de nuestra inclinación al pecado y falta de freno, y poco a poco nos aparta de la admiración del propio yo, de la excesiva confianza en nosotros mismos, de la vanidad y del secreto orgullo. Es un proceso doloroso pero completamente necesario si ha de formarse en nuestro interior el hombre auténtico y noble, el cristiano, el cristiano cabal.

3. «Si alguno viene a mí y no aborrece a su padre, a su madre, a su mujer, a sus hijos, a sus hermanos, a sus hermanas y aun a su propia vida, no puede ser mi discípulo» (Lc 14, 26). «Así, pues, cualquiera de vosotros que no renuncie a todos sus bienes no puede ser mi discípulo» (Lc 14, 33). De esto se trata, de que nos aborrezcamos a nosotros mismos en el sentido de Cristo, es decir, que nos amemos santamente, tal como lo quiere Dios. Pero por desgracia sucede que siempre tenemos prisa «por abandonar en la piedad el camino de la purificación y entrar en el camino de la iluminación y unión, igual que los novicios que desean acabar el noviciado y ansían la grave responsabilidad de los votos de la orden esperando disfrutar luga una mayor libertad» (FABER, *Progreso,* cap. 13). Faber observa a continuación nuestra especial predisposición «a abandonar los objetos humildes de la meditación». A estos objetos de meditación pertenece el amor a sí mismo. Si observamos bien lo más profundo de nuestro interior y dejamos de impresionarnos por ese mundo del amor a nosotros mismos que nos mantiene cautivos, llegaremos poco a poco a alcanzar el perfecto aborrecimiento de nosotros mismos. De esta manera combatiremos el amor propio. En la frecuente confesión ahondamos, de semana en semana, en el conocimiento de nosotros mismos. Reconocemos cuán faltos de nobleza, cuán odiosos, impuros y falsos somos y qué encadenados y esclavizados estamos por el maldito egoísmo. Poco a poco cae, como si fuera de escamas, la venda que teníamos ante los ojos y vemos claro: reconocemos lo que somos. Así, mediante la confesión frecuente, llegamos al verdadero conocimiento propio y, por él, al aborrecimiento de nosotros mismos, necesario para ser discípulos de Cristo. Gracias a la confesión frecuente nos llegamos a beneficiar especialmente de la dirección espiritual

101

del confesor. En cierto sentido no puede prestarnos servicio mejor que el de indicarnos las máscaras, astucias y mil artimañas bajo las cuales suele disfrazarse el amor propio. Quien acuda frecuentemente a confesarse puede solicitar y esperar del confesor esta ayuda. En todo esto descubrimos la eficacia del sacramento: la fuerza de Cristo que con nosotros lucha contra el pecado. Él, el Señor, sólo Él está en condiciones de rechazar victoriosamente nuestro egoísmo. Por medio del sacramento de la penitencia y la gracia santificante enciende en nosotros la llama de la caridad; sobre todo si mediante la confesión frecuente nos preparamos para recibir verdaderamente bien, todos los días, la sagrada comunión. Allí donde crece la santa caridad habrá de disiparse el egoísmo como las tinieblas ante la luz.

Oración

Señor, apiádate de nosotros, perdónanos nuestras deudas y dirige hacia Ti nuestros vacilantes corazones. Amén.

11. La tibieza

1. Un peligro capital amenaza a la vida devota por parte de la llamada tibieza. Es un estado especial. El Señor nos ha dado las más abundantes gracias, fuerzas y estímulos. Sin embargo, quedamos atascados en nuestro crecimiento espiritual. Ya no sacamos fruto de las gracias. Nos hemos convertido en la higuera del Evangelio, que el Señor vio a la orilla del camino. «Se acercó a ella y no encontró en ella sino hojas y le dijo: Nunca más nazca de ti fruto. Y la higuera quedó luego seca» (Mt 21, 18 ss).

Es una realidad horripilante que existan tantas personas que han empezado con celo y buenos resultados, pero que luego, paso a paso, casi sin notarlo, han caído en la tibieza. Tibio es el hombre, el cristiano que es paciente mientras no tiene nada que sufrir, que es manso mientras en nada se le contradice, que es humilde mientras no se le toca un punto en su honra. Tibio es quien desea ser santo sin que le cueste trabajo y renunciamiento; quien trata de conquistar las virtudes sin mortificación, que quiere hacer muchas cosas, menos hacerse violencia para conquistar el reino de los cielos. Tibieza hay cuando nos sentimos inclinados a abandonar sin motivo importante nuestras prácticas de piedad: oración, meditación, lectura, visitas al Santísimo Sacramento. Tibieza hay cuando las prácticas que realizamos las hacemos con negligencia, a medias, con distracción y superficialidad habituales. Signo de tibieza es el despreciar las llamadas «pequeñeces» y dejar pasar sin aprovecharlas las diarias oportunidades que se nos presentan para el bien, sobre todo cuando hacemos las paces con los pecados veniales pensando que es suficiente evitar los pecados graves.

No por causa de faltas aisladas merece uno el reproche de ser tibio. La tibieza es más bien un estado que se caracteriza por no tomar en serio, de un modo más o menos consciente, los pecados veniales, un estado sin celo por parte de la voluntad. No es tibieza el sentirse y hallarse en estado de sequedad, de desconsuelos y de repugnancia de sentimientos contra lo religioso y lo divino, porque a pesar de todos estos estados puede subsistir el celo de la voluntad, el querer sincero. Tampoco es tibieza el incurrir con frecuencia en pecados veniales, con tal de que se arrepienta uno seriamente de ellos y los combata. Tibieza es el estado de una falta de celo consciente y querida, una especie de negligencia duradera o de vida de piedad a medias fundada en ciertas ideas erróneas: que no debe ser uno minucioso, que Dios es demasiado grande para ser tan exigente en las cosas pequeñas, que otros también lo practican así y excusas semejantes.

El peligro de tibieza amenaza sobre todo cuando no se penetra uno profundamente de las verdades de la fe, y no deja que éstas se apoderen de él con toda su energía vital. Dios, eternidad, alma, salvación de las almas, voluntad de Dios, agradar a Dios, vida del espíritu y aprovechamiento en él le parecen poco, mientras que lo demás: placer, goce, esparcimiento, la radio, la ganancia y el honor, lo es todo. El tibio se recoge con disgusto a su vida interior; una seria meditación de las verdades eternas es para él algo casi extraño; ruega y hace examen de conciencia tan sólo de una manera superficial, pasajera; se derrama a gusto en ocupaciones exteriores, y eso por hastío de la vida interior; busca su alegría en las aficiones y en las criaturas. De esta manera llega a una falta cada vez mayor de luz, de interés, de comprensión y de verdadero aprecio de lo divino. A esto, se agregan otras causas que favorecen la tibieza. Es ante todo la dificultad de las virtudes cristianas en vista de la resistencia que ofrece nuestra naturaleza caída, de la concupiscencia, de los muchos enemigos y obstáculos y de los muchos fracasos, derrotas y desilusiones que se experimentan continuamente en las aspiraciones del espíritu, y de las muchas perturbaciones por la absorción del alma en toda clase de ocupaciones y deberes. Y no en último lugar influyen los ejemplos de los otros, que poco a poco nos van apartando del buen celo que teníamos, de manera que nos acomodamos a su andar lento y perezoso y al desgraciado respeto humano, que acostumbra a producir en nosotros tan indecibles daños. Quien quiere ser devoto tiene que ser un carácter.

2. «Porque eres tibio, y ni frío ni caliente, por eso voy a vomitarte de mi boca» (Apoc 3, 15 ss). Tal es la maldición divina pronunciada sobre el alma tibia. ¿No debemos, pues, poner todo nuestro empeño en preservarnos de caer en el estado de tibieza, o salvarnos de él, caso de que en él hayamos caído, para no perderlo todo, y quizás hasta la salvación eterna? La tibieza trae consigo el que nos acotumbremos a una conciencia falsa y torcida,

en virtud de la cual hasta los pecados graves y más graves los consideramos como pequeñeces sin importancia, insignificantes, apenas como pecados veniales. Es una ilusión de graves consecuencias: «Tú dices: rico soy y me he enriquecido y de nada tengo necesidad, y no sabes que eres un malaventurado y un miserable, y pobre y ciego y desnudo» (Apoc 3, 17). Del obscurecimiento del juicio y de la conciencia resulta una debilidad creciente de la voluntad. Uno se ha acostumbrado a ceder en cosas pequeñas a la sensualidad, a la comodidad, a los goces corporales, a la sensibilidad. Así, naturalmente, se llega a no ser tan exacto tampoco en las cosas importantes. «El que es fiel en lo pequeño también lo es en lo grande; y el inicuo en lo muy pequeño también en lo grande es inicuo» (Lc 16, 10). Pronto llega la voluntad tan adelante, que todo otro esfuerzo le resulta pesado. Y así resiste con demasiada facilidad al impulso y a las inspiraciones de la gracia y abre su sensibilidad y su corazón a las cosas del mundo y a sus goces. La desgracia es tanto más funesta e incurable cuanto que el deslizarse hacia lo profundo apenas se nota, y se verifica con mucha lentitud. De esa manera vive el hombre en ilusiones cada vez mayores y más fatales, y trata de persuadirse de que todo ello no tiene importancia, y de que, a lo más, es un pecado venial, etc. Que con este estado se da un golpe mortal a la vida del espíritu, es cosa a todos manifiesta.

«Tengo contra ti que has aflojado de tu primera caridad. Recuerda, pues, de qué altura has caído y arrepiéntete y haz de nuevo tus primeras obras; porque, si no, vengo a ti y moveré de su lugar tu candelero, si no te arrepientes» (Apoc 2, 4 ss).

Ésa es la ley de la naturaleza: ¿Se estanca el agua?, luego se corrompe. Y otra ley dice: Fuerza que nada hace, se enerva. Y hay una ley de la gracia que dice: Donde no hay ningún celo, no hay amor. Y esta otra: Detenerse es retroceder.

Sobre la higuera en la que el Señor sólo encuentra hojas y ningún fruto, pronuncia esta sentencia aterradora: «Nunca jamás nazca de ti fruto.» En efecto, eso es tibieza: consunción espiritual que no significa la muerte, pero que lleva a ella.

3. Dios nos dé la gracia de jamás hundirnos en el estado de falta de celo, de tibieza, la gracia de la fidelidad en lo pequeño, de la vigilancia para que hasta en las cosas «pequeñas» no nos abandonemos a ninguna negligencia. La tibieza empieza allí donde encuentra terreno apropiado, donde se arraiga en nosotros un pequeño abandono. Todos los días incurrimos en negligencias, y constantemente éstas tienden a consolidarse, a la manera que en un cuerpo los bacilos de la tuberculosis. Tenemos que luchar para lograr un conocimiento acertado de las cosas sobrenaturales y de sus valores. Para ello se nos han dado los medios de la lectura, de la meditación y de la oración.

Un excelente medio para defendernos de la desgracia de la tibieza y asegurarnos contra ella, o de arrancarnos del estado de tibieza, es la buena confesión frecuente. Aquí colabora todo lo que supone una seguridad contra la tibieza. Primero, nos vemos precisados a observarnos con mayor seriedad, a elaborar más cuidadosamente los actos de arrepentimiento y de propósito, y a pensar con toda conciencia y decisión en la mejora de nuestra vida. Además, aquí, en el sacramento, obra en nosotros la fuerza misma de Cristo. El Señor tiene puesto todo su interés en llenarnos de odio al pecado en este santo sacramento, en fortalecer nuestra voluntad para la glorificación total del Padre, para la fidelidad plena en su servicio, para una entrega completa a su voluntad. Finalmente, coadyuva la dirección del confesor, quien en toda santa confesión nos estimula de nuevo y alienta a continuar en el camino de la santidad con todo celo.

Cabalmente, uno de los motivos principales para el alto aprecio de la confesión frecuente es que si se practica y se practica bien es enteramente imposible un estado de tibieza. Esta convicción puede ser el fundamento del hecho de que la Santa Iglesia tan insistentemente recomiende, por no decir imponga como deber, a las personas religiosas, la confesión frecuente o la confesión semanal. Por eso mismo debe ser cosa importante y sagrada para nosotros la confesión frecuente. Por igual razón debemos esforzarnos en practicarla bien y cada vez mejor.

Oración

Señor y Dios mío, Tú que haces que en aquellos que a Ti te aman todo sirva para su salvación, llena nuestros corazones de un amor inquebrantable a Ti, para que ninguna tentación pueda desalojar las aspiraciones que Tú has despertado en nosotros. Amén.

12. Los pecados de omisión

«Pues al que sabe hacer el bien y no lo hace se le imputa a pecado» (Iac 4, 17).

1. Conocemos la parábola de los talentos: El primer siervo había recibido cinco talentos, negoció con ellos y ganó otros cinco. El segundo siervo había recibido dos talentos, y asimismo ganó otros dos: «Muy bien, siervo bueno y fiel...» «Se acercó también el que había recibido un solo talento y dijo: Señor, tuve en cuenta que eres hombre duro, que quieres cosechar donde no sembraste y recoger donde no esparciste, y, temiendo, me fui y escondí tu talento en la tierra; aquí lo tienes. Respondióle su amo: Siervo malo y haragán, conque ¿sabías que yo quiero cosecha donde no sembré y recoger donde no esparcí? Debías, pues, haber entregado mi dinero a los banqueros, para que a mi retorno recibiese lo mío con los intereses. Quitadle el talento y dádselo al

que tiene diez, porque al que tiene se le dará y abundará, pero a quien no tiene, aun lo que tiene se le quitará, y a ese siervo inútil echadle a las tinieblas exteriores; allí habrá llanto y crujir de dientes» (Mt 25, 24-30).

Pecamos no solamente obrando el mal, sino también cuando dejamos de hacer el bien que podemos y que debemos hacer, o no lo hacemos tal como pudiéramos y debiéramos. Éstos son los llamados pecados por omisión (del bien a que estamos obligados de alguna manera).

No basta con que el árbol exista: es preciso que dé frutos, que dé buenos frutos. De lo contrario recaerá sobre él la sentencia: «El árbol que no da buenos frutos es cortado y arrojado al fuego» (Mt 7, 19). En su día dirá el Señor a los que queden a la izquierda: «Apartaos de mí, malditos, al fuego eterno, preparado para el diablo y para sus ángeles. Porque tuve hambre y no me disteis de comer, tuve sed y no me disteis de beber, fui peregrino y no me alojasteis... Entonces ellos responderán diciendo: Señor, ¿cuándo te vimos hambriento, o sediento, o peregrino, o enfermo, o en prisión, y no te socorrimos? Él les contestará diciendo: En verdad os digo que cuando dejasteis de hacer eso con uno de estos pequeñuelos, conmigo no lo hicisteis» (Mt 25, 41-27). Ningún mal hacen a su prójimo, pero tampoco le hacen el bien que pudieron hacerle. Por ello serán separados a la izquierda, «e irán al suplicio eterno...»

2. No pensamos aquí en aquellos pecados de omisión por los que se dejan de cumplir, a sabiendas e intencionadamente, grandes e importantes deberes. Pensamos antes bien en los pecados por omisión de cristianos buenos y diligentes, seglares, religiosos y sacerdotes. Estos pecados tienen como característica el que en su mayor parte les prestamos menor atención y no apreciamos debidamente su importancia para la vida religiosa. Por ello nos resultan tanto más peligrosos.

Desgraciadamente, sucede que, aun aspirando seriamente a una vida perfectamente cristiana y religiosa, nos hacemos culpables, día por día, de algunos pecados por omisión del bien que pudimos y debimos hacer. ¡Son tantas las oportunidades que Dios nos ofrece para pensamientos y afectos buenos! ¡Cuántas de ellas dejamos pasar desaprovechadas, preocupándonos, en cambio, de pensamientos, temores y cuidados inútiles! ¡Cómo habría de penetrar todo nuestro ser el pensamiento de Dios, de Cristo, e influir sobre nuestros pensamientos y deseos, dar forma a nuestra caridad, dirigir nuestro obrar! Y, sin embargo, nosotros no dirigimos hacia Él nuestros pensamientos.

Pensemos en nuestras omisiones respecto a las ocasiones y motivos para orar en los «momentos libres» que se nos ofrecen a lo largo de todo el día. Podríamos aprovecharlos para actos de oración y no lo hacemos.

Pensemos en lo necesario que nos resulta profundizar siempre de nuevo en nuestros sagrados deberes de cristianos, de religiosos, para aprender a conocerlos total y perfectamente; para conocer los santos mandamientos de la Ley de Dios y de la Iglesia, las obligaciones contraídas en el santo bautismo y en los votos, las reglas y preceptos que nos manifiestan la santa voluntad divina. No es extraño que incurramos en muchas infidelidades y contravenciones. Pues no puede ser de otra manera si en la oración y meditación no llegamos a la cabal comprensión de nuestro destino como cristianos, como miembros de una Orden religiosa. Quien no siembra no puede cosechar.

Pensemos en las inspiraciones de la gracia, desatendidas y no escuchadas, en los muchos estímulos para el bien. Nos consta: Dios nos habla mediante ellas y nos estimula y empuja hacia el bien. Sabemos que «la esencia de la vida espiritual consiste en advertir en nuestra alma los caminos y estímulos del Espíritu Santo y fortalecer en nuestra voluntad la decisión de seguirlos» (P. LALLEMANT, *Doctrina*, cap. II, 1).

El mismo P. Lallemant escribe: «Hay pocas almas perfectas porque pocas son las que siguen las orientaciones del Espíritu Santo.» Otro maestro de la vida espiritual dice: «Toda nuestra esperanza de progresar en el camino de la vida interior depende de las inspiraciones divinas», y de cómo las atendemos y aprovechamos. Todo esto lo sabemos bien. Y a pesar de ello, aun cuando estamos convencidos de lo mucho que las necesitamos, ¡las dejamos a menudo desaprovechadas, e incluso damos lugar a que Dios, por nuestra negligencia, vaya poco a poco dejando de dárnoslas! No podemos inferirnos daño mayor que el de dejar desatendidas las inspiraciones y estímulos de la gracia. Son tan abundantes que, por decirlo así, nos siguen los pasos, llegando continuamente a nuestro interior, como rayos divinos que inundan nuestro corazón de cálida luz, que nos señalan lo bueno y fomentan en nosotros sus aspiraciones: iluminación del entendimiento y estímulo de la voluntad, ya bajo forma de amor, ya como severidad, unas veces como reproche, otras animándonos; tan pronto susurrante como a grandes voces, ya como una llamada única, ya como si golpearan paciente y continuamente nuestro corazón. ¡Inspiraciones desatendidas, dones de Dios rechazados, perdidos! ¡Cuántas veces «no estamos en casa» cuando llama a ella la gracia! Y, estándolo, ¡cuántas veces no le abrimos por no vernos molestados en nuestros propios deseos, por poder seguir nuestros propios caprichos y ocurrencias! ¡Cuántas veces nos llama la gracia para un sacrificio, para una renunciación, para un vencimiento propio! ¡Y nosotros desaprovechamos esta gracia! ¡Gracia desaprovechada, descuidada, malbaratada! ¡Pecados de omisión! Nos acordamos de la parábola divina del sembrador que sale a lanzar la semilla. Una parte de la semilla cae sobre el camino; una segunda, sobre terreno pedregoso; una tercera, entre malezas y espinos; una cuarta, por fin, sobre buena tierra, en la que puede germinar y dar fruto. ¡Las tres cuartas partes no llegan a dar fruto! ¿No es ésta la historia y el misterio de la inspiración de la divina gracia y del corazón humano, que tan a menudo no es buena tierra?

Reflexionemos especialmente con cuánta facilidad dejamos desaprovechados tantos instantes del tiempo que Dios nos regala. Cada momento es un don, un capital precioso.

Consideremos, por fin, también nuestra conducta frente al medio que nos rodea, para con el prójimo. Conocemos los pecados «ajenos». Para nada queremos hablar aquí de las muchas veces que por nuestra conducta, palabras y observaciones imprudentes, por nuestro ejemplo nos hacemos culpables de que el prójimo no aproveche la gracia ofrecida; ¡cuántas veces le servimos de ocasión para no cumplir sus deberes como debía! Basta indicar cuánto nos alejamos, en la conducta frente a los demás, de cumplir nuestro propio deber. Tenemos el desagradable deber de llamar sobre algo la atención del amigo, del niño, de los inferiores, de los superiores, de nuestros hermanos y hermanas. No osamos hacerlo. Callamos ante los pecados de los demás cuando pudiéramos y debiéramos hablar. Dejamos de hacerlo por respeto humano. Escurrimos el bulto y decimos: «No me atañe». Sabemos lo que debemos al prójimo en materia de respeto y caridad cristiana. Sabemos lo que es el deber de la reconciliación; el «Perdónanos como también nosotros perdonamos»; el deber de ayudar al prójimo, de serle útil como fuere posible. «Yo estaba hambriento, yo tenía sed, yo era peregrino, yo estaba desnudo, y vosotros me habéis alimentado, dado de beber, alojado, vestido.» Y las demás obras de misericordia a que estamos obligados: enseñar al que no sabe, aconsejar al que busca consejo, consolar a los safligidos, rezar por todos, vivos y difuntos. ¡Cuántas ocasiones, y cuántos deberes! ¡Y tantas veces omitimos cumplirlos sin motivo bastante! ¡Pecados de omisión!

Y, añadidos a todos éstos, ¡los pecados de omisión para con la comunidad a que pertenecemos; para con la familia, para con la parroquia, con la comunidad conventual, con el pueblo, con nuestra Patria!

Es muy serio lo que dijo una vez en uno de sus sermones el célebre P. Lacordaire: «Serán raros los hombres que el día del juicio puedan presentarse ante Dios sin haber causado la perdición (o sólo el daño) de alguien de cuya alma fueran responsables.»

Un orador sagrado más moderno aconseja: «Esta noche, cuando en nuestra casa todos duerman, recorramos las habitaciones e imaginémonos que los que en ellas duermen están muertos. Cuántos reproches no habríamos entonces de dirigirnos, reproches por hechos que no llegaron a acaecer, por servicios que no llegamos a prestar, por palabras que no fueron pronunciadas, por la caridad que no llegamos a ejercer.»

3. Lo que se ha indicado hasta aquí de los diversos pecados por omisión no es exhaustivo ni pretende tampoco serlo. Ha de servirnos únicamente para que, con toda seriedad, sobre todo al practicar la confesión frecuente, reflexionemos sobre el bien que dejamos de hacer y nos examinemos a nosotros mismos con el convencimiento de que «quien nada hace de bueno, ya hace suficiente mal», y también el de que «a menudo obra mal quien nada (bueno) hace».

La confesión frecuente ha de acreditarse también precisamente en relación con las omisiones. Ha de prestarse en ella especial atención a los deberes descuidados, aunque a menudo sean deberes de «poca» importancia, a las inspiraciones desatendidas de la gracia, a las ocasiones desaprovechadas de hacer el bien, a los momentos perdidos, al amor al prójimo no demostrado o insuficientemente demostrado. Han de despertarse en ella, frente a las omisiones, un profundo y serio pesar y una decidida voluntad de luchar conscientemente contra las más pequeñas omisiones de que tengamos de alguna manera conciencia. Si acudimos a la confesión con este propósito, nos será concedida en la absolución del sacerdote la gracia de reconocer mejor nuestras omisiones y de tomarlas más en serio. Y una vez que en nuestra lucha contra las omisiones nos veamos apoyados por el sacerdote, se convertirá para nosotros la confesión frecuente en uno de los primeros y más eficaces medios para poco a poco llegar a preservarnos de toda clase de faltas de este género.

Ojalá consigamos llegar a que el Señor nunca tenga que decirnos lo que dijo a Jerusalén: «...cuántas veces quise reunir a tus hijos... y no quisiste» (Mt 23, 37). ¿Qué es lo que pretende cuando Él nos llama, cuando nos ofrece una oportunidad para el bien, cuando nos da una iluminación interior, un estímulo? El Señor quiere entonces elevarnos, enriquecernos, hacernos grandes y felices. A ésta, su caridad, oponemos nosotros un no querer. ¡Pecados de omisión, gracias desatendidas, malbaratadas! ¿Acaso lo hemos pensado bien alguna vez?

Oración

Guárdanos y fortalécenos, Señor, en tu santo servicio. Te lo rogamos, escúchanos. Líbranos, oh Señor, de desatender a tus inspiraciones. Abrasa, Señor, nuestra alma con el fuego del Espíritu Santo para que te sirvamos con la castidad del cuerpo y te agrademos con la pureza de nuestro corazón. Amén.

13. La creencia en la propia rectitud

«Se acercaban a Él todos los publicanos y pecadores para oírle, y los fariseos y escribas murmuraban diciendo: Éste acoge a los pecadores y come con ellos. Propúsoles entonces esta parábola, diciendo: ¿Quién habrá entre vosotros que, teniendo cien ovejas y habiendo perdido una de ellas, no deje las noventa y nueve en el desierto y vaya en busca de la perdida hasta que la halle? Y, una vez hallada, alegre la pone sobre sus

113

hombros, y vuelto a casa convoca a los amigos y vecinos, diciéndoles: Alegraos conmigo, porque he hallado mi oveja perdida. Yo os digo que en el cielo será mayor la alegría por un pecador que haga penitencia, que por noventa y nueve justos que no necesiten de penitencia» (Lc 15, 1-7).

1. Los «hombres rectos» que no necesitan de la penitencia, los justos que toman a mal que el Señor se apiade de los pecadores y que coma con ellos; esas personas que en la orgullosa conciencia de su rectitud, sin mácula de pecado, de su corrección, de su irreprochabilidad, no necesitan de la penitencia... ésas son las que creen en su propia rectitud.

La más odiosa de todas las herejías de que habla la historia de la Iglesia es aquella que no toleraba «pecadores» en su seno, la que antes bien se enorgullecía de constar solamente de «santos», de limpios de pecado, de justos. Estos santos miran con desprecio a la Iglesia de Cristo, que arrastra consigo tanto lastre humano, en lugar de exterminar por el fuego y la espada todo lo malo y pecaminoso. Estos montanistas, maniqueos y cátaros de los tiempos antiguos y modernos se vanagloriaban de su limpia santidad y presumen con ella. Rivalizan entre sí en rígidas exigencias y rodean la ley de Cristo y de la Iglesia con más y más cercos. Prohíben a sus prosélitos gustar la carne y el vino, les vedan el matrimonio y asimismo los trabajos humildes y serviles; rezan mucho, ayunan con severidad y deslumbran a las masas.

2. Éstos son los que se creen justos. También los hay entre los cristianos. El creer con exceso en la propia rectitud es precisamente el pecado de los cristianos piadosos, diligentes, «correctos», que en todo cumplen irreprochablemente su deber y de nada tienen que acusarse. A su alrededor y ante sus superiores tienen fama de cristianos ejemplares, y esto con razón.

¡Pero ojalá no estuvieran ellos mismos tan convencidos de su propia corrección e irreprochabilidad, ojalá no lo creyeran tanto, ni pensaran siempre en ello envaneciéndose en secreto! Aquí es donde les amenaza el peligro: saben que nada hay criticable en ellos, ellos mismos nada encuentran en sí que criticar, nada tienen de que arrepentirse, nada que mejorar. «Justos que no necesitan penitencia».

Cuanto más convencidos están de su propia rectitud, tanto más atienden a los pecados y faltas de los demás, de todos los que los rodean. Notan cómo acá y allá se rezagan remisos en el cumplimiento de los preceptos, de la ley, de la Regla, que contravienen aquí y allá, cómo no cumplen exactamente sus deberes religiosos y los de la vida de su comunidad, haciéndose culpables de toda clase de cosas en que ellos jamás incurrirían. Se molestan y amargan, se vuelven faltos de caridad, llenos de desprecio y repugnancia interior contra los incorrectos. Nada quieren tener de común con ellos, los evitan lo más que pueden y los apartan de su camino. En su interior se inciensan a sí mismos por su mucha virtud y se figuran que todos habrían de fijarse en su conducta ejemplar, alabarla y reconocerla. Se vuelven susceptibles y lo hacen sentir a todo aquel que no los admire. ¡Justos que no necesitan de la penitencia!

Este peligro amenaza al cristiano fervoroso y diligente y también a nosotros. La creencia en la propia rectitud se introduce casi inadvertida en la conciencia, y el espíritu del cristiano que lucha honradamente y seriamente se preocupa por su vida religiosa y perfeccionamiento cristiano. Ello es más de temer teniendo en cuenta el hecho de que son siempre pocos los que toman la vida cristiana verdaderamente en serio, habiendo a su alrededor tantos bautizados que se dicen cristianos y cuya vida práctica ofrece, sin embargo, tantas cosas incomprensibles, tanta imperfección, tanta contradicción entre su vivir y la fe que profesan, tanta esterilidad a pesar de todas las enseñanzas y estímulos que reciben, a pesar de los buenos ejemplos que tienen ante sus ojos, a pesar de los consejos y amonestaciones que encuentran en los libros y textos litúrgicos, a pesar de las meditaciones que hacen, a pesar de los santos sacramentos que reciben. Ocurriendo esto no pocas veces incluso con aquellos que por su estado y sagrados votos están especialmente obligados a ser cristianos ejemplares y a conducir a otros a las alturas de la vida cristiana; dándose aun entre éstos tan poco conocimiento, tanta medianía, ¿cómo extrañar que en el que lucha y se esfuerza se vaya formando cierta conciencia, cierto sentimiento de superioridad moral, determinada satisfacción de sí mismo, que con demasiada facilidad degenera en exagerado convencimiento de la propia rectitud, que conduce a considerar y tratar a «los otros» en forma despectiva, o con cierta altanería, con un compasivo orgullo?

«Yo os digo que en el cielo será mayor la alegría por un pecador que haga penitencia que por noventa y nueve justos que no necesiten de penitencia.» Con esto ha pronunciado el Señor su fallo sobre la creencia en la propia rectitud. El «justo» no necesita de la penitencia ni del arrepentimiento. ¿Para qué, si es en todo correcto, irreprochable? La conciencia de su impecable corrección le obstruye el camino del reconocimiento de su pecado y, con ello, el de la penitencia. Ésta es la maldición de la creencia en la propia rectitud: que ciega. Donde no hay conocimiento de sí mismo, no hay tampoco disposición ni actos de penitencia. Y donde falta la disposición para la penitencia, se produce un endurecimiento del corazón y de la voluntad. La gracia de Dios, las inspiraciones del Espíritu Santo, las amonestaciones de fuera no producen efecto alguno: «justos que no necesitan de la penitencia», que nada tienen de que arrepentirse, que, cada vez que oyen o leen algo acerca del pecado, no piensan ni remotamente en sí mismos, sino sólo en «los demás».

La creencia en la propia rectitud nace del orgullo, y su fruto es a su vez orgullo y altivez espiritual.

Lo bueno que descubre en sí, lo atribuye exclusivamente al propio esfuerzo. No es capaz de repetir con el apóstol San Pablo: «Mas por la gracia de Dios soy lo que soy, y la gracia que me confirió no ha sido estéril, antes he trabajado más que ellos (que los otros apóstoles), pero no yo, sino la gracia de Dios conmigo» (1 Cor 15, 10). También olvida la otra frase del mismo apóstol: «...¿qué tienes que no hayas recibido? Y si lo recibiste, ¿de qué te glorías, como si no lo hubieses recibido?» (1 Cor 4, 7). La creencia en la propia rectitud menosprecia la gracia y sus efectos y es así injusta para con ella y con quien nos la da. Esta conducta, ¿no ha de enajenarle poco a poco la gracia y benevolencia de Dios? «Porque Dios resiste a los soberbios» (1 Petr 5, 5).

El que se cree a sí mismo justo, se ensalza en su interior sobre «los demás». «Oh Dios, te doy gracias porque no soy como los demás hombres.» Éstos forman la gran masa, con la que para nada se puede contar; él, en cambio, se cuenta entre los elegidos. Se sabe puro y perfecto; los otros quedan muy por debajo de él. «¡Oh Dios! Te doy gracias porque no soy como los demás hombres.» ¿Y cuál es el juicio que pronuncia el Señor sobre quien así acude a su presencia? «Os digo que éste [el publicano] bajó justificado a su casa y no aquél. Porque el que se ensalza será humillado y el que se humilla será ensalzado» (Lc 18, 14).

«No como los demás hombres.» Para éstos no siente, en lo más profundo de su corazón, sino menosprecio y repugnancia. Le son desconocidas las palabras del Señor: «No juzguéis y no seréis juzgados; no condenéis y no seréis condenados; absolved y seréis absueltos. La medida que con otros usaréis, ésa se usará con vosotros» (Lc 6, 37-38). En la vida y en la eternidad.

¿Puede entonces asombrarnos que en el cielo sea mayor la alegría por un pecador que haga penitencia que por noventa y nueve justos que no la necesiten? Sólo una cosa puede extrañarnos: que entre los cristianos pueda darse y se dé, efectivamente, el vicio de la creencia en la propia rectitud; que haya cristianos que cumplan con toda seriedad sus deberes religiosos, recen con fervor y reciban los sacramentos, que vivan honradamente y a pesar de todo ello sean tan ciegos, que no se den cuenta de hasta qué punto se creen en lo más profundo de su corazón justos e irreprochables, envaneciéndose de su corrección, fidelidad y ausencia de faltas.

La creencia en la propia justicia se convierte sin notarlo en seguridad, como si para el alma devota no existiera ya ningún peligro y como si ya estuviese inmunizada contra los atractivos del mundo, contra las tentaciones y persecuciones del infierno, contra el poder de los bajos impulsos y de las malas inclinaciones. El que está seguro de sí mismo vive en una certeza de salvación que para él está por encima de toda duda seria. Él no quiere que también para él, como para todo ser humano, subsista siempre aquí sobre la tierra la posibilidad de que se haga infiel a su vocación, de que se haga débil frente a los muchos deberes, sacrificios y renunciaciones impuestas por la vida, y que abuse de la gracia de Dios; de que en todo tiempo es posible que tenga fracasos y caiga en pecados y faltas si la gracia de Dios no le preserva. Se porta de manera como si para él no fuera de aplicación la seria advertencia del Apóstol: «Con temor y temblor acabad la obra de vuestra salud. Porque Dios es quien por la benevolencia obra en vosotros tanto el querer como el obrar» (Phil 2, 12-13); y como si no supiera con cuánta insistencia recomienda San Pablo a los corintios que reflexionen cuán elevadas gracias concedió el Señor a su pueblo de Israel en la travesía del mar Rojo y en el desierto: la salvación de manos del Faraón, la columna de nube, el maná y el agua brotada de la roca. «Y, sin embargo — recalca el Apóstol —, en los más de ellos no se agradó el Señor, sino que quedaron tendidos en el desierto, para advertencia nuestra. De manera que, quien piense estar en pie, mire no

caiga» (1 Cor 10, 2-12). La seguridad de sí mismo
tiene que conducir a que en los asuntos de la fervorosa y devota vida espiritual cristiana siga uno sus
propios caminos, y de esa manera, sin notarlo, pero
con toda seguridad, caerá en caminos extraviados.
El que tiene seguridad de sí mismo no necesita ya
nadie que le ilustre o amoneste: él se basta a sí mismo y se apoya en su propia ciencia y discreción. En
su fondo es el mal espíritu del orgullo el que se manifiesta en la propia seguridad. Pero Dios no consiente
que su orden sea quebrantado sin recibir el castigo:
«A los orgullosos se resiste Dios.» Y «el que se ensalza
será humillado» (Lc 14, 11). Da miedo ver cómo hasta
un apóstol que vivió en la mayor proximidad del Señor
llegó al fin a ser un «hijo de perdición» (Ioh 17, 12).

3. Frente al peligro de la creencia en la propia
rectitud que amenaza al que lucha honradamente,
encontramos poderosa ayuda en la confesión frecuente bien hecha. Cuanto mejor la hagamos, con
tanto mayor seguridad será para nosotros camino
hacia el mejor y más profundo conocimiento de nosotros mismos, hacia el reconocimiento de nuestra
imperfección y propensión al pecado. Ella nos descubre las heridas de nuestra alma y nos permite
reconocer que, verdaderamente, aún «pecamos todos
en mucho» (Iac 3, 2), y que nunca tendremos motivo
para creernos justos y perfectos o despreciar a otros
y su vida religiosa. Si aún nos ayuda un confesor
inteligente y comprensivo a profundizar y hacer
fructífera nuestra confesión, entonces de la confesión
frecuente sacaremos cada vez más perfecta disposición para la penitencia y vivo anhelo de completa
pureza y caridad.

Oración

«Señor, ¿qué es el hombre para que te acuerdes de
él? ¿Qué ha merecido el hombre para que le des
tu gracia? Sólo una cosa puedo yo pensar y decir

con verdad: Nada soy, Señor, nada puedo, nada bueno tengo de mí; mas en todo me hallo débil, y camino siempre hacia la nada. Y si no soy ayudado e instruido interiormente por Ti me vuelvo enteramente tibio y disipado.

»Gracias sean dadas a Ti, de quien viene todo, siempre que algo me sale bien. Porque delante de Ti yo soy vanidad y nada, hombre mudable y flaco. ¿De dónde, pues, me puedo gloriar? Verdaderamente, el alabarse a sí mismo es la mayor locura. Porque, agradándose un hombre a sí mismo, te desagrada a Ti. La verdadera gloria y santa alegría consiste en gloriarse en Ti y no en sí, gozarse en tu nombre y no en la propia virtud. Sea alabado tu nombre y no el mío, engrandecidas sean tus obras y no las mías. Tú eres mi gloria; Tú la alegría de mi corazón. En Ti me gloriaré y ensalzaré todos los días, mas de mi parte no hay de qué, sino flaquezas.»

(KEMPIS, *Imitación de Cristo*, lib. III, cap. 40.)

14. EL ARREPENTIMIENTO (1)

«Pedro se acordó de lo que Jesús le había dicho: Antes que cante el gallo me negarás tres veces; y saliendo afuera lloró amargamente» (Mt 26, 75).

1. «Y saliendo afuera lloró amargamente.» Pedro, el hombre de piedra, que hasta hacía aún muy poco ardía en santa devoción hacia su Señor y Maestro, el que en el huerto de Getsemaní intervino violentamente en favor de Jesús, el que por fiel amor y celo había seguido al prisionero hasta la corte del pontífice, el mismo Pedro acaba de negar a Jesús. «¡Yo no conozco a ese hombre!» (Mt 26, 72-74). «Vuelto el Señor miró a Pedro, y Pedro se acordó de la palabra del Señor» (Lc 22, 61). La mirada de Jesús le abrió los ojos. Ahora comprende lo que ha hecho. ¿Qué le queda ya por hacer?

«Y saliendo afuera lloró amargamente.» Ahora advierte cómo se ha portado con su Señor, a quien en un tiempo reconoció solemnemente como el Cristo, el Hijo de Dios (Mt 16, 16), el mismo que entre los demás apóstoles le eligió a él como piedra sobre la que quería edificar su Iglesia. Y ahora ha pretendido no conocerle, a Él, a quien hasta ahora había seguido a todas partes con alegre fidelidad, cuyos milagros habían visto sus ojos, a quien había contemplado en el monte Tabor en todo el esplendor de su grandeza, con quien acababa de celebrar la Cena. «Yo no conozco a ese hombre».

«Y saliendo afuera lloró amargamente.» Ahora reconoce lo que ha hceho. Ya siente lo que es el pecado, y no puede con su carga. La siente arder en su alma como una herida dolorosa. Y siente el impulso de huir: ¡así se aparta de la ocasión!

Ha de expiar su falta, ha de hacer penitencia. ¡Cómo le atormenta, cómo escuece la herida en su alma, cómo le asquea todo lo que le rodea, lo que le ha empujado al pecado!

2. ¿Qué es el arrepentimiento? ¿Lo son acaso las lágrimas de Pedro? No, el arrepentimiento está en su interior. ¿Consiste acaso el de Pedro en sentir ahora una gran humillación por haber podido olvidarse hasta tal punto de sí mismo, en sentir vergüenza ante sí mismo y ante los demás? No. ¿Fue su arrepentimiento acaso temor de que el Salvador le pudiera desposeer del prometido cargo de pastor supremo para concederlo a otro apóstol más fiel? No. El arrepentimiento es el dolor del alma por el pecado cometido, unido al firme propósito de no volverlo a cometer.

El pecado se alza contra la santidad de Dios. El arrepentimiento, por el contrario, impregna a la voluntad, que antes contraviniera la ley de Dios, de un profundo dolor por haberse sublevado contra Dios, por haberle ofendido. Lamenta haber pisoteado los mandamientos de Dios, haber pecado, haber ofendido a Dios, y está resuelto a abjurar de su equivocada acción y de las ideas que fueron su causa, aunque le cueste un grave sacrificio.

El verdadero arrepentimiento no es sólo un «desearía, quisiera no haberlo hecho». No es tampoco algún sentimiento, una sensación corporal de dolor, algo perceptible por los sentidos o necesariamente experimentable por los sentidos: es una voluntad, un querer puramente espiritual, tanto si se siente el dolor del arrepentimiento como si no; un verdadero y sincero cambio de pensar, tal como fue con San Pedro. La voluntad, inclinada antes al pecado, lo aparta ahora de sí, lo aborrece, siente repugnancia y repulsión hacia él, y aniquilaría o daría por no hecho el mal causado si pudiera. El arrepentimiento trae así necesariamente consigo la voluntad de no cometer más el mal hecho y de emplear los medios para evitarlo en adelante (propósito de enmienda).

El arrepentimiento es la más profunda esencia de la penitencia y el más importante entre los diversos actos necesarios para recibir el sacramento de la penitencia. Sin él, no hay perdón de los pecados, ni confesión digna y fructífera. Si muchos de los que confiesan frecuentemente se aplicaran más a fortalecer su arrepentimiento, mayor sería el fruto de sus confesiones.

«Vuelto el Señor, miró a Pedro.» La mirada de gracia de Jesús tuvo que tocar el corazón del pobre Pedro. Sólo entonces fue cuando «saliendo afuera lloró amargamente». El arrepentimiento fecundo se produce bajo el estímulo y la influencia de la gracia; es el fruto, no de nuestra obra natural y de nuestros esfuerzos puramente naturales, sino el fruto de la gracia y de oración. Es, pues, por su origen, sobrenatural, y ha de pedirse en la oración.

El verdadero arrepentimiento es sobrenatural también por las causas que lo mueven. Quien lamenta el pecado y la infidelidad sólo por su fealdad, por ser tan indigno del hombre, del cristiano, de una religiosa, de un religioso, o porque trae consigo una humillación, porque le hace perder el aprecio de las personas que le rodean, etc., tiene sólo un dolor natural del pecado, no el verdadero arrepentimiento que se precisa para el perdón del pecado.

«Y saliendo afuera...» El arrepentimiento de San Pedro es efectivo, es un arrepentimiento de obra. Pedro se aleja del ambiente que le había inducido a pecar, y no vuelve. Huye del lugar en que quebrantó la fidelidad a su Señor y, mediante su diligente ardor por Cristo y su causa, con su vida y su muerte repara su pecado.

3. Contra la confesión frecuente se objeta que, precisamente por su frecuencia, resulta casi necesario que se haga mecánica y rutinariamente, sin la debida eficacia. Es cierto; este peligro existe en la confesión frecuente. Pero igualmente se da en la comunión frecuente y diaria, en la celebración diaria de la santa Misa, en el rezo diario del breviario y otras determinadas oraciones. ¿Habrá de evitarse el peligro del rutinarismo acudiendo con menor frecuencia a la santa comunión, celebrando con menor frecuencia la santa Misa, rezando menos el breviario, etcétera? No. Para la confesión frecuente se evitará desde dentro el peligro de la mecanización acentuando menos la confesión, la propia acusación, y poniendo toda la energía en ahondar y avivar el arrepentimiento (y el propósito de enmienda). En general, poco podremos cambiar la acusación; a la larga será siempre más o menos «lo mismo» lo que tengamos que confesar. Y por lo mismo será tanto más importante que desarrollemos bien el arrepentimiento.

Para este fin, incluyamos conscientemente en nuestro arrepentimiento, junto a los pecados que hemos de confesar, todos y cada uno de los pecados e infidelidades de nuestra vida pasada. Así, sin dificultad, desde nuestro interior podemos conformar nuestra confesión frecuente de tal manera que quede defendida de toda rutina, que sea confesión verdaderamente buena, vivificadora y fértil.

Te rogamos, Señor, escuches nuestras humildes súplicas. Muéstranos tu inefable misericordia y líbranos de todos nuestros pecados y de los castigos que por ellos hemos merecido. Amén.

15. EL ARREPENTIMIENTO (2)

1. «Después de ello, una vez que hube sido condenado por el juez a la infamante muerte de la cruz y que cargaron sobre mis espaldas todo el peso del poder real, fui expuesto a la vergüenza y escarnecido públicamente. Dondequiera que pisase, se reconocían por la sangre las huellas de mis pies. A mi paso aullaban los judíos hasta atronar el aire: Colgadle ya, colgad a ese malvado... Con criminales ladrones fui conducido hasta el lugar de la ejecución. Allí fui desnudado y extendido sobre la cruz yacente. Allí estiraron con sogas mis brazos y piernas y luego los fijaron cruelmente con clavos al madero de la cruz, y de esta manera pendían, entre el cielo y la tierra, de la cruz alzada.

»Contémplame ahora en el alto tronco de la cruz. Mi mano derecha la atravesaba un clavo, mi mano izquierda estaba perforada, mi brazo derecho descoyuntado y el izquierdo dolorosamente estirado. Mi pie derecho traspasado y el izquierdo cruelmente atravesado. Colgaba yo impotente, mortalmente cansados mis divinos miembros; todos ellos, delicados, quedaron agarrotados por el duro suplicio de la cruz. Mi sangre enfebrecida, necesariamente tuvo que desbordarse incontenible varias veces; cubierto por ella y enrojecido, mi cuerpo agonizante daba lástima de ver. Contempla el lamentable espectáculo: mi cuerpo joven, floreciente, comenzaba a mustiarse, marchitarse y deshacerse... Mi cuerpo entero estaba cubierto de heridas y lleno de dolor... Mis claros ojos, apagados... A mis oídos no llegaban sino burlas y ultrajes... Toda la tierra no me pudo ofrecer ningún lugar para un pequeño descanso, pues mi cabeza divina estaba vencida por el dolor y la fatiga; mi puro rostro, manchado por los salivazos; mi sano color, empalidecido. Mira: mi hermosa figura moría entonces de igual suerte que si hubiese sido un hombre leproso en lugar de la hermosa encarnación de la Sabiduría. Compadecida de mí, se apagó incluso la luz de los cielos de la hora sexta hasta la nona.

»Y estando en la angustia y ansiedad supremas de la muerte, crucificado lastimosamente por los sayones, se erguían ellos contra mí y me increpaban con crueles gritos burlones, volvían hacia mí sus cabezas escarneciéndome y me aniquilaban dentro de sus corazones por entero, como si fuera un gusano despreciable. Mas yo seguía firme, y aun rogaba por ellos amorosamente a mi querido Padre. Mira cómo yo, inocente cordero, era equiparado a los culpables. Por uno de ellos fui escarnecido, pero el otro me imploró. Y en seguida le acogí y perdonéle todos sus pecados; yo le abrí las puertas del paraíso celestial. Sí, en mi inagotable misericordia clamé a mi Padre muy amorosamente por aquellos que me crucificaban, por aquellos que se partían mi ropa... y por los que a Mí, Rey de todos los reyes, me agobiaban en mi angustioso penar y vergonzosa humillación.

»¡Ay!, escucha esto tan triste: Yo miraba en torno de Mí, miserablemente abandonado por todos los hombres, y los mismos amigos que me habían seguido permanecían lejos de Mí... Así estaba... robados mis vestidos. Allí estaba... reducido a la impotencia, vencido. Me trataban despiadadamente... Adondequiera que me volviese, no hallaba en torno mío sino dolor y amargo sufrimiento. A mis pies estaba la Madre dolorosa, y su corazón maternal sufría por todo lo que en mi cuerpo yo padecía.

»Y estando allí, tan falto de ayuda y tan completamente abandonado, las heridas manando sangre, los ojos llorosos, los brazos distendidos, hinchadas las venas de todos mis miembros, en la agonía de la muerte, prorrumpí en voz lastimera e invoqué abatido a mi Padre diciendo: Dios mío, Dios mío, ¿por qué me has abandonado?... Ve pues que, estando derramada casi toda mi sangre y agotadas todas mis fuerzas, sentí en mi agonía una amarga sed; pero aún estaba más sediento de la salvación de todos los hombres. En mi acerba sed fueron entonces ofrecidos a mi sedienta boca vinagre y hiel. Y pues hube entonces conseguido así la humana salvación, dije: *Consummatum est!* Presté completa obediencia a mi Padre hasta la muerte. Y encomendé a sus manos mi espíritu diciendo: En tus manos encomiendo mi espíritu. Y mi noble alma abandonó entonces mi cuerpo divino.

»Después de esto fue atravesado mi costado derecho por una afilada lanza; brotó entonces un chorro de la preciosísima sangre y con ella una fuente del agua de la vida para reanimar todo lo que estaba muerto y agostado y reconfortar todos los corazones sedientos»[1].

2. Reconoce en presencia de tu Salvador crucificado lo que es pecado. Tanto fue necesario para que pudiera ser expiado tu pecado. Tú no podías, el mundo entero tampoco podía, ni podían el cielo y la tierra, pues que sólo un Dios en figura humana podía lograrlo. El pecado es un crimen infinito de lesa divinidad.

Reconoce que tú le has llevado a la cruz, que tú has infligido a tu Salvador incalificables sufrimientos y su amarga muerte. Piensa que con cada pecado grave crucificas de nuevo al Hijo de Dios (Hebr 6, 6). ¿Ha merecido Él esto de ti? ¡Reconoce tu injusticia, tu ingratitud! Acude con Santa María Magdalena en penitencia a los pies del Crucificado y riégalos de lágrimas por tus maldades, por todos, por todos los pecados de toda tu vida.

---

[1] Según DENIFLE. *Das geistliche Leben* II, 2.ª parte, cap. IV.

Preséntate entonces ante tu Salvador, quien por boca de su representante te dirá las consoladoras palabras: «Te absuelvo de todos tus pecados».

Oración

Señor, Dios nuestro, colma misericordioso nuestro corazón de la gracia del Espíritu Santo; haz que por ella, con nuestros sollozos y lágrimas, limpiemos las manchas de nuestros pecados y alcancemos el anhelado perdón. Amén.

16. EL ARREPENTIMIENTO (3)

1. El castigo del pecado leve no es, como el del mortal, eterno, sino temporal, expiable por sufrimientos y pruebas diversas en la vida presente. Aquello que no se ha satisfecho en la tierra acompaña al alma a través de las puertas de la muerte para ser expiado en el más allá: en el purgatorio.

¡Cuán infinitamente sabio y justo es Dios! Ciertamente ama al alma que abandonó esta vida terrenal en estado de gracia. La ve redimida por la sangre de Jesús. La ve infinitamente amada por su Hijo, desposada con Él; por ella se entregó Él, por mediación del santo bautismo hásela íntimamente vinculado. La ve Dios amada por el Espíritu Santo, que a ella se ha entregado y dentro de ella ha hecho su morada y por ella «aboga con gemidos inefables» (Rom 8, 26). Ya tiene dispuesta para el alma la hermosa morada celestial y se alegra esperando el momento de poder recibirla, introducirla y asentar sobre sus sienes la corona de la gloria. Desea entonces invitar al cielo entero a alegrarse con Él por el alma bienaventurada que ahora se ha hecho partícipe de la eterna felicidad.

Mas, a pesar de tanto como la ama, como hacia ella se inclina, debe, sin embargo, rechazarla hasta que haya pagado hasta el último maravedí (Mt 5, 26), es decir, hasta que haya expiado todo el castigo que por sus pecados ha merecido. Tan en serio toma Dios el pecado, incluso el pecado venial.

2. ¡Qué castigo y qué expiación! ¡El castigo del fuego! Es un fuego que tiene la virtud de apoderarse del espíritu, del alma, de penetrar en ella y traspasarla por completo llevando a todos sus rincones los más tremendos sufrimientos. Un fuego que distingue entre quien ha pecado una y quien muchas veces, entre quienes han pecado por debilidad y precipitación y quienes lo han hecho con intencionada ligereza y completo conocimiento.

A esto se añade el «castigo de la pérdida». Éste es el gran martirio espiritual de las almas en el lugar de la purificación. Ahora están libres de las ataduras del cuerpo y de los sentidos, apartadas de este mundo de aquí abajo con sus engañosas apariencias, con sus atractivos y tentaciones, con sus esparcimientos y diversiones. Ahora se sienten irresistiblemente atraídas hacia Dios. El alma ya nada conoce ni tiene sino a Dios. Ahora es cuando ve claro que Dios es su único bien, su única felicidad. Con todo el ardor de que es capaz quisiera arrojarse al corazón de Dios, abrazarle, encontrar en Él la paz. Pero le está vedado. Quisiera volver atrás, mas las puertas están cerradas. Llama, suplica, ruega..., pero todo en vano; una aterradora inutilidad. «Hasta haber pagado el último maravedí.» Esto es el pecado leve ante la santidad y justicia de Dios.

¡Qué atracción siente el alma hacia Jesús, su salvador! ¿No es éste acaso su único pensamiento, su único anhelo? Poder estar con Él, poder participar en su bienaventuranza. «Venid a Mí todos los que estáis fatigados y cargados, que yo os aliviaré» (Mt 11, 28). Mas ella no ha respondido como debía a la gracia; se ha hecho culpable de muchas omisiones e imperfecciones, no lo ha sacrificado todo por entero al amor de su salvador. Ahora, a la luz de la eternidad, reconoce su ingratitud, su infidelidad a Jesús; reconoce que sus firmes promesas de amarle, de amar sólo a Él, no han sido a menudo verdaderas y que los hechos mostraron su mentira.

Amargamente le remuerden ahora su superficialidad, indecisión, pereza, cobardía y egoísmo, su frialdad, su ingratitud hacia Jesús. ¡Cuánto le duele ahora la visión de la Cruz, del Tabernáculo, de los altares! ¡De qué medios tan poderosos ha dispuesto en la vida para escapar a los tormentos del purgatorio! No se ha servido fielmente de ellos. Hubiera podido hacerlo si lo hubiese querido seriamente. Ahora es demasiado tarde.

Éste es el castigo del pecado leve. ¡Si pudieran las lágrimas del arrepentimiento lavar las manchas como sucede en la vida terrenal! Mas, por desgracia, ya pasó la hora de los merecimientos. No es posible ganar nueva remisión de las penas y tormentos del purgatorio. «... venida la noche, ya nadie puede trabajar» (Ioh 9, 4). Ya no queda sino una sola cosa: sufrir, únicamente sufrir, hasta que, y sólo por medio de sufrimientos, se haya pagado «hasta el último maravedí». El alma reza, mas ya no le sirve de nada; el alma ama a su Dios y Señor, pero no le reporta ya esto suavización ni acortamiento de sus penas; soporta éstas con paciencia, mas con toda su conformidad y toda su paciencia ya no puede alcanzar ningún consuelo, ningún perdón. Está a merced de sus sufrimientos, irremisiblemente, «hasta que esté pagado el último maravedí».

¿Cuánto durará esto? «Hasta que esté pagado el último maravedí.» ¡Terribles palabras, plazo aterrador, pavorosamente lleno de misterio! ¡Éste es el fruto de las infidelidades y faltas que aquí en la tierra tan fácilmente tenemos por nada! ¡Cómo se nos abrirán los ojos en el purgatorio! ¡Ojalá que ahora obrásemos con toda previsión!

3. Precisamente la confesión frecuente tiene por objeto librarnos de la culpa y castigo del pecado leve y evitarnos así los castigos del purgatorio. Sí, li-

129

brarnos del purgatorio. Cierto que nunca podremos acabar por completo con los pecados de flaqueza en nuestra vida terrenal. Pero precisamente porque estos pecados no son en el fondo consentidos, porque no son pecados deliberados que revelen deficiencia en el amor a Dios, se extinguen ya en esta vida terrenal junto con sus castigos correspondientes, mediante los muchos actos de amor y las demás virtudes que rellenan nuestro día, por el uso de los santos sacramentos y por las indulgencias de la santa Iglesia. La confesión frecuente, bien hecha, nos impulsa a aplicar todas nuestras fuerzas para apartarnos del mal y alcanzar la perfecta caridad. Si en verdad hemos llegado a amar a Dios sobre todas las cosas, a que nada de lo creado nos importe, de manera que estemos dispuestos, por amor a Dios, a sacrificarlo y dejarlo; si con la gracia de Dios hemos alcanzado aceptarlo todo de Dios con santa conformidad, tal como nos lo quita y nos lo da: riqueza o pobreza, honores o desprecios, salud o enfermedad; a que por amor a Dios estemos dispuestos a dar la vida, si Dios lo quisiera, entonces ya no habría de ser ninguna imposibilidad el que alcanzásemos la dichosa posesión de Dios sin haber tenido que probar el purgatorio. Mas este nivel espiritual tan elevado y tanta madurez sólo podremos esperarlos de la confesión frecuente y bien hecha, junto con la frecuentación de la sagrada comunión, y un serio y continuo luchar por el acrecentamiento de la santa caridad. Esto tanto más si nos servimos con sumo respeto y alto aprecio de las indulgencias que nos ofrece la santa Iglesia para, mediante ellas, extinguir las penas temporales (el purgatorio entre ellas). Y si Dios a todo esto aún nos concede la gracia de recibir el sacramento de la extremaunción, que borra los restos del pecado y nos abre las puertas del cielo, entonces podemos abrigar fundadas esperanzas de escapar al fuego del purgatorio. En realidad, las cosas son de esta manera: Así como la vida de la gracia está esencialmente orientada hacia la vida de la gloria, así ha de ser la culminación *normal,* aunque poco frecuente, de este proceso: una disposición completa para recibir la luz de la gloria, inmediatamente después de la muerte, sin necesidad del purgatorio; pues sólo por nuestra propia culpa somos retenidos en el lugar de la expiación, donde ya no hay merecimiento posible (es decir, en el purgatorio). Esta disposición completa y perfecta para la gloria inmediata sólo puede consistir en un profundísimo amor ligado al ardiente deseo de la visión beatífica. Resulta especialmente reconocible después de las pruebas dolorosas, las llamadas pasivas (ver cap. Vida perfecta), que limpian al alma de sus lacras. Como nada impuro puede entrar en el Cielo, ha de experimentar toda alma estas purificaciones pasivas antes de la muerte corporal, por lo menos hasta cierto grado, y luego, ya mediante méritos y crecimiento de la gracia o, sin éstos, experimentándolas después de la muerte (en el purgatorio) (GARRIGOU-LAGRANGE, *Perfección,* 84).

¡Cuánto puede contribuir la confesión frecuente a que alcancemos esta profunda caridad, para así, junto con los demás medios, sacramentos e indulgencias no solamente escapar al purgatorio, sino también alcanzar una vida que honra y glorifica a Dios mucho, mucho más, a lo largo de toda la eternidad, que no alcanzar esta cima de la caridad! ¡De cuánto puede servirnos la confesión frecuente si sabemos entenderla y hacerla bien!

Oración

Danos, Señor, la gracia de amar aquello que nos mandas y de desear aquello que nos prometes, para que en todas las mudanzas terrenas nuestros corazones se mantengan firmes en el camino de la verdadera felicidad. Amén.

17. LA CONTRICIÓN

«Un corazón contrito y humillado, oh Dios, no lo desprecias.»

1.   Un fruto precioso de la confesión frecuente es, naturalmente, el espíritu y la vida de contrición, el constante dolor del alma por el pecado cometido. Los maestros de la vida espiritual insisten en la gran importancia de la contrición para la vida y el pensamiento cristianos. Conocen el gran valor de esta actitud, gracias a la cual persiste uno en el arrepentimiento, convertido en hábito, de los pecados cometidos, aun mucho después de haber alcanzado de Dios el perdón.

Es conmovedor ver cómo agradece San Pablo, el gran apóstol, a su Señor, Jesucristo, el que le tenga por fiel y le haya escogido para su servicio: «... a mí, que primero fui blasfemo y perseguidor violento; mas fui recibido a misericordia porque lo hacía por ignorancia de mi incredulidad; y sobreabundó la gracia de nuestro Señor con la fe y la caridad en Cristo Jesús. Cierto es, y digno de ser por todos recibido, que Cristo Jesús vino al mundo para salvar a los pecadores, de los cuales yo soy el primero» (1 Tim 1, 12-15). ¡Cómo vive San Pablo el doloroso recuerdo de aquello en que faltó largos años atrás! «Porque yo soy el menor de los apóstoles, que no soy digno de ser llamado apósto, pues perseguí a la Iglesia de Dios» (I Cor 15, 9). Cuanto mayor es la conciencia de que en un tiempo persiguió al Señor (Act 4-5), tanto más se siente impulsado a dedicar ahora todas sus fuerzas al servicio del Señor y de sus intereses, a darlo todo por Él, hasta lo último, incluso su sangre y su vida.

Del príncipe de los apóstoles, San Pedro, cuenta la leyenda que lloró toda su vida el pecado cometido al negar a su Señor en el patio del Sumo Sacerdote. El dolor de su pecado se le convierte en acicate para el sacrificado servicio de Cristo y de su Iglesia, para la inquebrantable fidelidad a su ministerio de apóstol, como cabeza de la Iglesia que Cristo le confió, para dar a su Señor el supremo testimonio de su sangre.

Nuestra santa Iglesia en la diaria celebración del sacrificio eucarístico no se cansa de mantener al sacerdote y a los asistentes que toman parte en el sacrificio en el espíritu de la contrición; esto procura en el gradual, en el ofertorio, después de la consagración («También a nosotros, pecadores, siervos tuyos...»), antes de recibir la sagrada comunión («Señor, no soy digno...»). La Iglesia sabe que Dios no desprecia un corazón contrito. Por esto nos hace rezar: «Recíbenos, Señor, pues nos presentamos a Ti con espíritu humillado y contrito...»

Descubrimos esta misma tendencia de la santa Iglesia día por día en el divino oficio que nos prescribe rezar en el breviario: en los salmos, en las lecturas, en las oraciones. La Iglesia lo sabe: es de suma importancia el dolor continuo del alma por los pecados cometidos.

Nuestros Santos siguieron las enseñanzas de la Madre Iglesia. Una alma tan pura como la de Santa Gertrudis reza: «Señor Dios mío, entre los admirables prodigios que obras, tengo por especialísimo el de que la tierra me sostenga sobre su suelo, a mí, indigna pecadora.» Santa Gertrudis se revela así auténtica discípula de San Benito, el padre de los monjes de Occidente. Éste recomienda a sus discípulos «reconocer cada día en la oración ante Dios con lágrimas y sollozos el mal cometido y enmendar sus faltas» (*Regla*, cap. 4). «Hemos de saber que no por muchas palabras, sino por la pureza de corazón y lágrimas de contrición hallaremos la elevación» (ibid., cap. 20). San Bernardo señala la actitud del monje con estas palabras: «Se considera en todo tiempo cargado de culpas por sus pecados e indigno de aparecer ante Dios» (cap. 7, Duodécima etapa de la humildad). Muy parecido es lo que dice el gran Doctor de la

Iglesia, San Agustín: «Dios ve nuestras lágrimas. Nuestros sollozos no son desoídos por Aquel que todo lo creó por su palabra y que no necesita de nuestras palabras humanas.» De ahí que la oración consista, mejor que en muchas palabras, en «sollozos y lágrimas» (*Epist.* 180, 10).

Al papa San Gregorio Magno escribió una dama que no le dejaría tranquilo hasta asegurarla en nombre de Dios de que le habían sido perdonados sus pecados. San Gregorio le contestó que no se tenía por digno de recibir de Dios revelaciones; que, por otra parte, era más útil a la salvación de su alma que hasta el último instante de su vida no estuviera (absolutamente) segura del perdón, que hasta que llegara esta su hora suprema debía vivir en perpetua contrición, no dejando pasar ningún día sin ahogar sus faltas en lágrimas (*Epist.* 7, 25). Éste es el modo de pensar de las almas santas.

Santa Teresa tenía en su celda, siempre ante su vista, las palabras del salmista: «No entres en juicio, Señor, con tu siervo» (Ps 142, 2). En estas palabras de contrición había de resumir Santa Teresa, la gran maestra de la vida interior y de la oración, todas sus oraciones: no en una aseveración de la caridad, sino en un grito de contrición. Y no se trata aquí de un acto aislado y pasajero de arrepentimiento, de breve sentimiento de dolor, sino de una actitud interior persistente que se manifiesta al exterior. «El dolor de los pecados», el mismo dolor de Santa Teresa, «crece más mientras más se recibe de nuestro Dios; y tengo para mí que hasta que estemos adonde ninguna cosa puede dar pena, que ésta no se quitará» (*Las moradas,* 6.ª morada, cap. 7). Palabras dignas de la más detenida consideración: «El dolor de los pecados crece más mientras más se recibe de nuestro Dios.» Y cuanto más fomentemos el espíritu de arrepentimiento, de contrición, tanto más gracias recibiremos de Dios.

2. ¿Pues qué es la contrición, el continuo dolor por los pecados cometidos? La misma Santa Teresa nos da la respuesta: El alma «no se acuerda de la pena..., sino de cómo fue tan ingrata a quien tanto debe, y a quien tanto merece ser servido; porque en estas grandezas que le comunica, entiende mucho más la de Dios; espántase cómo fue tan atrevida; llora su poco respeto; parécele una cosa tan desatinada su desatino, que no acaba de lastimar jamás, cuando se acuerda por las cosas tan bajas que dejaba una tan gran majestad» (ibid.).

Cuanto más cerca está un alma de Dios, tanto más reconoce sus faltas y defectos y con tanta mayor claridad comprende lo que es el pecado que en un tiempo cometió, el pecado grave, el pecado leve, los pecados de flaqueza y las imperfecciones. De día en día lamenta más el haber pecado, y llega a tal repugnancia frente a todo lo que en ella pudiera desagradar a Dios, que se vuelve más y más incapaz de cometer una infidelidad, una falta consciente de algún modo. Llega a tal sensibilidad y delicadeza ante Dios, que solamente puede vivir según su santa voluntad.

La contrición, el continuo dolor del alma por el pecado cometido consiste en el sentimiento y la conciencia permanentes de que somos pecadores, aunque no pensemos en un pecado determinado. Consiste en pedir el perdón con confianza y sin interrupción. «Lávame más y más de mi iniquidad y límpiame de mi pecado» (Ps 50, 4). Consiste en la preocupación por el pecado perdonado, es decir, se sigue teniendo conciencia de la gran facilidad con que reviven los pasados extravíos y errores, poniéndonos en peligro de volver a pecar. Consiste especialmente en un progresivo y continuo aumento del odio al pecado, aun contra el más leve y la más pequeña infidelidad, y en una creciente delicadeza de conciencia. Nos acercamos tanto a Dios, que en su luz vemos con mayor claridad lo imperfecto en nuestro interior y exterior, lo indigno y lo desagradable a Dios. Reconocemos nuestros móviles tan a menudo equivocados y nos sentimos obligados a obrar movidos cada vez más por la caridad. Con todo esto crecen nuestro amor y gratitud hacia Dios, que nos ha perdonado el pecado, y hacia Cristo, que nos ha redimido de él.

La contrición brota de la conciencia de que con nuestro pecado hemos ofendido a Dios, Bien infinito, hemos sido injustos con Él. Le hemos pospuesto a nuestro egoísmo, le hemos inferido agravio en sus intereses y su gloria. Por todo ello es la contrición nada menos que la expresión de nuestro perfecto arrepentimiento, una de las formas más propias del amor a Dios. Por eso es el continuo acicate de enmendar el pasado por una mayor fidelidad. El alma contrita, por agradecido amor a Dios que le ha perdonado misericordiosamente las pasadas infidelidades, se esfuerza en alcanzar la voluntaria entrega total de sí misma y la alegre seguridad en el ejercicio de los buenos hábitos. No se permite ningún abandono ante Dios, no consiente la menor tibieza, busca una frecuentación, cada vez más fructífera, de los santos sacramentos por ser más humilde y respetuosa. Nos fortalece en todas las pruebas internas y externas a que Dios nos somete y nos da el valor y la constancia necesarios para voluntarios sacrificios y renuncias, fatigas y penalidades. La contrición no es un dolor de muerte, sino de vida, duradero, tranquilo, sobrenatural, fuente de caridad. Este dolor es suave y sabe actuar con tacto sobre nuestro yo sin hacernos remisos ni débiles. Es humilde, pero nunca abatido por las faltas. Se nutre del santo respeto a los inescrutables juicios de Dios: da alegría a la oración, está lleno de fe en la misericordia y caridad divinas y lleno de santa gratitud.

Este dolor de caridad suaviza nuestro carácter, nos hace profundamente compasivos y comprensivos para con los demás, nos hace tolerantes, nos hace ver tales como son las faltas y debilidades de los otros y enjuiciarlas benévolamente. Nos da el don de la piedad y nos preserva de realizar maquinalmente nuestros trabajos y oraciones. Nos defiende del tomar a la ligera el pecado y nos es el medio más eficaz para una vida de pureza. En especial, da a nuestras aspiraciones y luchas una santa persistencia y firmeza para guardarlas de las peligrosas vacilaciones interiores que tan a menudo comprometen el progreso interior. Es el gran instrumento para dar a la vida espiritual una estructura firme y duradera.

3. Es, pues, algo grande la contrición de corazón. Por lo mismo, es de lamentar que la palabra contrición y el contenido de la misma hallen hoy en algunos sectores poco eco o incluso sean rechazados. Se atiende más a «lo positivo» de la piedad. Y con razón. Es indispensable llevar a las conciencias y a la práctica, sobre todo en la educación religiosa de la juventud, lo verdadero, lo que nos levanta, libera y nos llena de dicha, lo hermoso y triunfal de la fe católica. El Santo Padre Pío XII reconoció expresamente esta aspiración en su mensaje a la Conferencia de Obispos de Fulda en 1940. Sería, sin embargo, dice, «una lamentable equivocación pretender poder aumentar este efecto disminuyendo el *vigilare et orare* que con tanta insistencia y gravedad nos recomendara el Divino Maestro» (Mc 14, 38: «Velad y orad para que no entréis en tentación»). Es bueno e importante acentuar los aspectos positivos de la piedad, la caridad, la oración, la conciencia de ser hijos adoptivos de Dios, de estar en Cristo. Pero sería muy peligroso olvidar que todo esto sólo es concebible en un alma purificada del pecado y de los hábitos pecaminosos y de la torcida inclinación hacia sí misma o hacia otra criatura, en un alma que se esfuerce ininterrumpidamente en cegar, mediante una vida de vigilancia y autodominio, las fuentes del pecado y de las imperfecciones.

Es un hecho desconsolador que la vida religiosa de muchas personas piadosas, incluso de las consagradas a Dios, esté sometida a graves oscilaciones; que muchos aspiren sinceramente a las alturas de la

vida espiritual y sean tan pocos los que a ellas llegan; que sean tantos los llamados a la unión con Dios
y tan pocos los que responden al llamamiento; que
tantos empiecen a edificar con noble ardor y a su
muerte dejen incluso su edificio o algo peor todavía. Se pregunta uno cuál pueda ser la causa de
estos y otros fenómenos parecidos. Un maestro de la
vida espiritual se dedicó largos años a esta cuestión y halló finalmente como raíz de la inestabilidad
interior de nuestro ánimo, por la que tanto se retrasa
el progreso interno y tan a menudo se compromete
nuestro desarrollo espiritual, la carencia del espíritu
de contrición. Por lo menos esto es ciertamente seguro: el medio más eficaz de dar a la vida espiritual
una estructura firme y duradera, serena y permanente, es el espíritu de contrición, el dolor duradero y sobrenatural por el pecado cometido. «Dios
hace concurrir todas las cosas para el bien de los que
le aman» (Rom 8, 28); también el pecado de que se
arrepienten y se duelen siempre de nuevo. «¡Oh culpa
dichosa!»

Este espíritu de contrición ha de darse en nosotros
como fruto especial de la confesión frecuente. Para
alcanzar esto, importarán ante todo dos cosas:

Primera, que nosotros, los que tenemos la gracia
de hacer confesiones frecuentes, nos opongamos firmemente y con toda decisión a ciertas corrientes que
minimizan y restan importancia al pecado leve, como
si considerado en su fondo careciera de trascendencia
para la gloria y los intereses de Dios y de Cristo,
así como para nuestra propia vida y aspiración sobrenatural, como si, según lo intenta presentar un
teólogo católico moderno, no estuviera prohibido,
sino «tolerado» por Dios. Resulta evidente que con
semejante manera de pensar, apenas queda lugar
para la confesión frecuente, como tampoco para el
espíritu de contrición.

Segunda, que en la santa confesión acentuemos el
arrepentimiento. Y para hacer el arrepentimiento lo
más perfecto posible, refirámoslo, por lo menos en

general, a todos los pecados de nuestra vida entera. Cuanto más desarrollemos el arrepentimiento en la confesión frecuente, tanto más hondo arraigará en nosotros el continuo dolor del alma por los pecados cometidos. Si además acentuamos y desarrollamos en el mismo sentido el dolor en nuestra retrospección y examen nocturno de cuentas, podremos entonces esperar que Dios infunda en nuestro corazón el espíritu de contrición.

De gran importancia será que nos acostumbremos a contemplar al Crucificado que en representación nuestra está aplacando a la justicia de Dios. Ha de ocurrirnos con ello lo que a la bienaventurada Ángela de Folingo, a quien dijo el Señor: «No te he amado en broma.» «Estas palabras — escribe Ángela — atravesaron mi alma con un dolor de muerte. Su amor fue de una espantosa seriedad. Y entonces todo mi amor hacia Él me pareció una pesada burla, una mentira. Nunca te he amado sino por burla y con hipocresía y nunca he querido llevar contigo la Cruz.» Ángela está poseída del espíritu de contrición: no puede ya sino amar y padecer por amor. Ésta es la enseñanza del Crucificado, y para nosotros una ayuda para alcanzar el espíritu de contrición y hacer más fructífera y profunda la confesión frecuente.

Oración

Lávame más y más de mis pecados. Aspérjame con hisopo, y seré puro. Aparta tu faz de mis pecados y borra todas mis iniquidades. Crea en mí, ¡oh Dios!, un corazón puro, renueva dentro de mí un espíritu recto. No me arrojes de tu presencia y no quites de mí tu santo espíritu. Mi sacrificio, Señor, es un espíritu contrito. Tú, ¡oh Dios!, no desdeñas un corazón contrito y humillado.

18. LA SATISFACCIÓN SACRAMENTAL

«Castigo mi cuerpo y lo esclavizo, no sea que, habiendo predicado a los otros, venga yo a ser reprobado.»

1. Es dogma de fe de la santa Iglesia que Dios conmuta al pecador la culpa del pecado grave y, con la culpa, el castigo eterno — es decir, el castigo del infierno —, de forma que subsiste un llamado castigo temporal de las culpas, o sea, un castigo que ha de cumplirse mediante la penitencia en esta vida, o bien, caso de no cumplirse debidamente, mediante penas de castigo en el más allá (en el lugar de purificación, en el purgatorio).

Así les fue remitido a nuestros primeros padres el pecado y el merecido castigo eterno en el infierno; pero Adán y Eva fueron al mismo tiempo condenados a penas temporales. «Multiplicaré los trabajos de tus preñeces —dice Dios a Eva—; parirás con dolor a tus hijos.» Y a Adán: «Por ti será maldita la tierra. Con trabajo comerás de ella todo el tiempo de tu vida. Te dará espinas y abrojos. Con el sudor de tu rostro comerás el pan hasta que vuelvas a la tierra, pues de ella has sido tomado; ya que polvo eres, y al polvo volverás» (Gen 3, 16-19).

Parecido es lo que cuenta la Escritura de Moisés y Aarón. El pueblo de Israel vaga falto de agua por el desierto con la amenaza de perecer de sed. Moisés y Aarón rezan entonces a Dios. Moisés recibe este encargo: «Coge el cayado y reúne a la muchedumbre, tú y Aarón, tu hermano, y en su presencia hablad a la roca, y ésta dará sus aguas; de la roca sacarás agua para dar de beber a la muchedumbre y a sus ganados.» Moisés tomó de delante de Yavé el cayado, como se lo había Él mandado; y juntando Moisés y Aarón a la muchedumbre delante de la roca, les dijo: «Oíd, rebeldes, ¿podremos nosotros hacer brotar agua de esta roca?» Alzó Moisés su brazo e hirió con el cayado la roca por dos veces, y brotaron de ella aguas en abundancia y bebió la muchedumbre y sus ganados. Yavé dijo entonces a Moisés y Aarón: «Porque no habéis creído en Mí, santificándome a los ojos de los hijos de Israel, no introduciréis vosotros a este pueblo en la tierra que yo les he dado» (Num 20, 8-12). La culpa del pecado les fue perdonada a Moisés y Aarón por Dios; pero, por dudar del poder de Dios, son castigados con no poder entrar en la tierra prometida.

Con honda seriedad señala el apóstol San Pablo a Corinto que «hay entre vosotros muchos flacos y débiles y muchos dormidos». El Señor los juzga así, «mas, juzgados por el Señor, somos corregidos para no ser condenados con el mundo» (1 Cor 11, 30-32). Aun cuando esté perdonado el pecado, subsiste un castigo que ha de expiarse con toda clase de enfermedades y con la amargura de la muerte.

Esto cuenta para el pecado grave, y vale también en cierto modo para el pecado leve. En la confesión frecuente nos dispensa Dios, por la absolución que nos concede el sacerdote como representante de Dios, la culpa de los pecados leves de que nos hemos arrepentido y que hemos confesado, y con la culpa, al menos una parte de la pena temporal merecida por el pecado leve. Pero con frecuencia sucederá que Dios no nos dispense una determinada parte de las penas temporales, y esto por sabias razones. Pues en el pecado leve no nos apartamos completamente de Dios, como sucede en caso de pecado mortal. Seguimos en el camino hacia Dios y conservamos nuestra dirección hacia Él. Pero nos inclinamos de forma desordenada hacia una criatura, en último término hacia nuestro aparente propio provecho, hacia una satisfacción, hacia un placer desordenado. Esta entrega desordenada a algo creado, a nosotros mismos, a un placer desordenado, merece ser castigada y clama por una expiación. Y recibe la correspondiente expiación, quitándosenos aquello a que

141

nos atábamos, aquello que buscábamos y usábamos en forma desordenada, siéndonos infligidas por Dios penalidades, males, enfermedades, pérdidas y pruebas de todas clases, siendo «corregidos para no ser condenados con el mundo» (1 Cor 11, 32). Las cosas a que nos entregábamos en forma desordenada, nos son arrebatadas o también hechas aborrecibles. Y esto es bueno para nosotros: así se mantiene viva dentro de nosotros la conciencia de la enormidad de nuestra culpa; se nos mantiene en estado de alerta y por la humilde aceptación de las penas expiatorias nos vemos liberados, hechos más puros y más resueltos al bien. Las obras de expiación nos hacen en especial más semejantes al Señor y Salvador que sufre y padece por nosotros, a Cristo, la Cabeza, y nos une a Él, de quien recibe su fuerza y plena eficacia nuestra penitencia.

2. Es de fe en la Iglesia que el sacerdote, en virtud de la autoridad de juez que ejerce en el sacramento de la confesión, tiene el derecho de imponer, para expiar las penas temporales de los pecados, ciertas obras expiatorias: la llamada penitencia sacramental. Sí, y hasta tiene el deber de hacerlo, en virtud de su santa cura del alma de aquel a quien absuelve en la confesión; pues por su ministerio tiene el máximo interés en que, a la vez que todas sus culpas, le sea también perdonado el castigo a quien se confiesa. De ahí que sea obligatorio aceptar y cumplir de buena gana la penitencia impuesta por el confesor. Donde haya un verdadero arrepentimiento y abjuración interna del pecado, habrá siempre también la voluntad de la penitencia, de la satisfacción, el deseo de cumplir la penitencia impuesta por el confesor. Caso de faltar esta voluntad de satisfacción, falta algo esencial al sacramento de la penitencia; mas si por descuido o por olvido se deja de cumplir la penitencia impuesta por el confesor, el sacramento se habrá recibido, a pesar de todo, válidamente.

Los actos de penitencia que nos impone el sacerdote en la santa confesión no suelen ser muy difíciles. Mas también aquí pesa menos en la balanza la obra que realizamos que el poder de Cristo operante en la satisfacción sacramental. «Esta satisfacción que pagamos por nuestros pecados no es nuestra de tal suerte que no sea por Cristo Jesús... en el que satisfacemos haciendo frutos de penitencia que de Él tienen su fuerza. Él los ofrece al Padre y por medio de Él son por el Padre aceptados» (Concilio de Trento, sesión XIV, cap. 8; Dz 904).

Él, el Salvador, infunde, mediante el santo sacramento de la penitencia, su fuerza expiatoria y mitigadora a los actos de penitencia que nos han sido impuestos con el confesor. Igualmente toma en sus manos nuestras obras de penitencia y hace de ellas sus propias obras de expiación y alivio. ¿Cómo no han de ser perdonados entonces, por mediación de la penitencia aceptada y cumplida sinceramente, los castigos temporales de nuestros pecados?

Pero aún llega mucho más lejos la fuerza del santo sacramento de la penitencia. Es de un gran consuelo el ver que el sacerdote no nos despide sin haber dicho antes sobre nosotros esta oración: «La pasión de Nuestro Señor Jesucristo, los merecimientos de la Santísima Virgen María y los de todos los Santos, todo el bien que hayas hecho, y el mal que has sufrido, te sirvan para el perdón de tus pecados, aumento de gracia y premio de la vida eterna.» ¡Qué riqueza la contenida en la confesión frecuente! Podrá ser poco lo que nos imponga el confesor como satisfacción. Pero este poco se une en su fuerza expiatoria y mitigadora a la satisfacción infinitamente valiosa del Salvador crucificado y moribundo. Se añade a las oraciones, sacrificios, buenas obras y sufrimientos de la Madre de Dios, a los de todos los Santos, y gana con ello un nuevo aumento en fuerza expiatoria y mitigadora. Finalmente, participa también en la fuerza de la satisfacción sacramental obrada por el mismo Cristo todo lo que hemos hecho de bueno y padecido en males y contrariedades: todo esto — y no es poco — es incluido en la fuerza del santo sacramento, y por virtud de Cristo, que obra en el sacramento, se hace fructífero para perdón de nuestros pecados, para positiva edificación de nuestra vida en Cristo y para alcanzar la perfección en los cielos. Es, en verdad, algo inefablemente inmenso la grandeza de corazón y la ayuda de la santa Iglesia, el poder que le ha sido dado al sacerdote en el sacramento de la penitencia, el poder del mismo sacramento. Éste será tanto más eficaz en nosotros cuanto más a menudo y mejor recibamos este santo sacramento con la bendición de su gracia.

Por la confesión frecuente se convierten toda nuestra vida, nuestras oraciones, obras y padecimientos, en satisfacción, operada por la fuerza expiatoria de Cristo, de nuestros pecados. ¿No podremos, pues, esperarlo todo de Dios, también la remisión de toda pena temporal, y con ello también la del purgatorio? Y esto tanto más cuanto mejor hagamos la confesión frecuente.

3. Mas sucede realmente, por desgracia, que en muchos casos tomamos a la ligera la penitencia sacramental, como si careciera de importancia. Ciertamente que en la confesión frecuente no se trata de que nos sean impuestas «penitencias fuertes» para profundizar así el uso del sacramento. La profundización de la penitencia ha de venir de otro lado: desde dentro, es decir, de nosotros mismos, de los que recibimos el sacramento de la penitencia. Si la penitencia impuesta por el sacerdote ha de tener verdadero sentido y fruto, si ha de estar orgánica e íntimamente unida a la confesión, debe estar vinculada a una auténtica voluntad de expiación y penitencia, a una sincera disposición de penitencia. Esta disposición para la penitencia debe ser nuestra lógica actitud después de haber pecado y de reconocer cada vez mejor lo que es el pecado, quién es Dios, qué la santidad de Dios y cuál el derecho de Dios a

nuestra entrega y a nuestro amor. Esta disposición para la penitencia es el permanente, serio y vivo disgusto por el pecado cometido, el firme propósito de no prestarse nunca a nada que pudiera ser contrario a la disposición para la penitencia; la voluntad de aceptar de buen grado las consecuencias del pecado, los sufrimientos, las fatigas y amarguras, ya provengan directamente de Dios, ya indirectamente, a través de las circunstancias en que vivimos, o de los hombres, e imponernos además, voluntariamente, determinadas obras de desagravio. Si en nosotros alienta esta permanente disposición para la penitencia, tendrá entonces también sentido y fruto la penitencia impuesta por el sacerdote. Gracias a esta disposición hacemos de la confesión frecuente algo más que un pasajero acto aislado, algo más que «una práctica piadosa»: ella nos encamina hacia una fructífera expiación y penitencia y es, para nuestra vida, de la máxima significación.

El fruto de la confesión frecuente habrá de mostrarse precisamente en que aumente y profundice nuestro espíritu de penitencia fortaleciéndonos para soportar las fatigas y renunciaciones diarias, para cumplir fielmente y a conciencia nuestro deber en todo y para crucificarnos verdaderamente con nuestro crucificado Señor y hacernos convertir en víctima propiciatoria, que se consume para la gloria y los intereses de Dios, de Cristo, de la Iglesia, de las almas. ¡Y no sólo esto! Estamos dentro de la comunidad de la Iglesia. Nos ha sido concedido dar a Dios satisfacción también por los pecados de los otros mediante la penitencia representativa. Con ello se acredita nuestro entusiasmo por Dios, por Cristo, por la Iglesia, por las almas.

Con todo, sabemos que es de Cristo de quien proviene todo el valor y fuerza de nuestros actos de penitencia y de nuestras satisfacciones: de su identificación con la pasión y con el sacrificio expiatorio de Cristo en la cruz. Cuanto más ofrezcamos a Dios Padre los sufrimientos de Cristo haciendo lo poco

145

que nosotros podemos hacer en identificación con estos sufrimientos, en pleno sometimiento de nuestra voluntad a la del Padre, tanto más valiosa y eficaz será nuestra penitencia y expiación. «Sin mí, no podéis hacer nada» (Ioh 15, 5).

Oración

Señor, contempla misericordioso el piadoso celo de tu pueblo, y concédenos, a los que nos mortificamos en nuestro cuerpo, fortalecernos espiritualmente por el fruto de las buenas obras. Amén.

19. La gracia sacramental

1. Cada uno de los santos sacramentos de la nueva alianza tiene como efecto inmediato el de la gracia (santificante). Si el que recibe el sacramento ya está, como solemos decir, en «estado de gracia», entonces obra el sacramento un crecimiento de la misma, un «aumento de la gracia santificante». Éste es el fruto primordial y propio de la confesión frecuente: que proporciona un aumento de la gracia, de la nueva vida que tenemos de Cristo y en Cristo, de la pureza de alma, de luz, de fuerza, de semejanza y unión con Dios; un aumento de la nueva y más elevada vida y existencia, del conocimiento y de la voluntad, que esté muy por encima de la existencia puramente natural y humana: un mundo lleno de la majestad y elevación divinas.

2. ¡La vida de la gracia! El hombre natural, sin redimir, está reducido a sí mismo, a su propia interpretación individualista y altanera de su experiencia y destino; a su ávido egoísmo e irrefrenable egocentrismo, a su odio contra todos aquellos que se le atraviesan en sus designios. Es el hombre desgraciado del cual se ha escrito: «Porque el querer el bien

146

está en mí, pero el hacerlo no. En efecto, no hago el bien que quiero, sino el mal que no quiero... Que queriendo hacer el bien, es el mal el que se me apega... ¡Desdichado de mí!» (Rom 7, 18-24). ¿Quién puede aquí prestar ayuda, traer la salvación? No la naturaleza, sino únicamente la gracia. Aquello que se nos regala en la confesión frecuentes es, ante todo, aumento de la gracia salvadora. Por el pecado se ha abierto al hombre un triple abismo. El primer abismo es el que hay entre Dios y el hombre. Éste es la razón y causa de los otros dos abismos. El hombre apartado, separado de Dios. «... se entontecieron en sus razonamientos, viniendo a obscurecerse su insensato corazón; ... por eso los entregó Dios a los deseos de su propio corazón, a la impureza, conque deshonran sus propios cuerpos... a las pasiones vergonzosas; ... y como no procuraron conocer a Dios, Dios los entregó a su réprobo sentir, que los lleva a cometer torpezas y a llenarse de toda injusticia, malicia, avaricia, maldad; ... inventores de maldades, rebeldes a los padres, insensatos, desleales, desamorados, despiadados» (Rom 1, 21 ss, 31). He ahí un cuadro del hombre alejado de Dios. El segundo abismo está dentro del propio hombre, entre lo más bajo y lo más elevado del hombre. «Que queriendo hacer el bien, es el mal el que se me apega; porque me deleito en la ley de Dios según el hombre interior, pero siento otra ley en mis miembros que repugna la ley de mi mente y me encadena a la ley del pecado, que está en mis miembros. ¡Desdichado de mí!» (Rom 7, 21-24). El tercer abismo separa al hombre del hombre, al pueblo del pueblo. Odio, enemistad, malquerencia, falta de caridad, envidia, celos, asesinato y guerra, tales son el espectáculo y la historia del hombre sin redimir, de la humanidad sin Dios, alejada de Dios. ¿Quién podrá, quién habrá de salvar este triple abismo? La gracia, únicamente la gracia. La ruptura entre Dios y el hombre la cierra la gracia, que para nosotros alcanzó Jesucristo en su muerte, de ser hijos de Dios. Nos hace hijos del Padre, «elegidos de Dios, santos y amados» (Col 3, 12). El segundo abismo es cegado lenta y trabajosamente bajo la acción continuada de la gracia mediante el ascetismo, es decir, mediante el sometimiento de las potencias e impulsos inferiores al dominio y dirección del hombre superior, del hombre de la gracia, de la unión con Cristo y con Dios, del hombre sobrenatural, cristiano. Paso a paso recuperamos la paz, la clara y armónica ordenación primitiva de nuestro interior, como fruto de la gracia. La ruptura entre hombre y hombre, entre un pueblo y otro, tampoco puede curarla sino la gracia. Todos aquellos que tienen la vida de Cristo viven, aunque sea en distintos grados, una misma vida sobrenatural, y beben del mismo manantial, de «un solo Espíritu» (1 Cor 12, 13), que les es infundido por la gracia santificante. Ésta, la gracia, nos unifica desde dentro de tal forma «que todos sean uno» (Ioh 17, 21), no por la comunidad de la sangre ni por una momentánea y pasajera alianza biológica dirigida hacia una coparticipación de la vida. Una comunión de vida verdaderamente personal y duradera, una alianza y unidad interiores, tan sólo las tenemos en lo espiritual, allí donde la corriente vital de Cristo baña a todos los hombres; allí donde, de manera sobrenatural pero igualmente real, somos sarmientos de la única vid, de Cristo, que a todos nos riega y llena con la savia de su vida; allí donde la fuerza del Espíritu Santo uno vive en todos nosotros y nos domina en la gracia santificante.

La gracia es gracia salvadora que cierra el triple abismo. A la vez es gracia que eleva, que enriquece y ennoblece interiormente al hombre uniéndole a Dios. Ella le sube hasta la unidad, pureza, plenitud y fertilidad de la vida divina. Donde la gracia santificante haya establecido su morada en el hombre, valdrán las consoladoras palabras del apóstol: «El amor de Dios se ha derramado en nuestros corazones por virtud del Espíritu Santo que nos ha sido dado» (Rom 5, 5). «Si alguno me ama, guardará mi palabra, y mi Padre le amará, y vendremos a Él y en Él haremos morada» (Ioh 14, 23). «Esta comunión nuestra es con el Padre y con su Hijo, Jesucristo» (1 Ioh 1, 3). Comunión de vida con el grande, santo y omnipotente Dios que vive en nosotros como Padre, Hijo y Espíritu Santo. Ahora somos hijos de Dios, infinitamente más que esclavos y servidores de Dios. La gracia nos abre la entrada a la amistad e intimidad de Dios. Él nos sale al encuentro con la ternura y la atención de un amigo: podemos acercarnos a Él con la libertad y la confianza de un amigo. La hermosura de la gracia es tan maravillosa, que se apodera del corazón de Dios y lo arrastra en inefable amor hacia nosotros. No puede de otra manera. Ha de amarnos divinamente. Su amor es divinamente fuerte e invencible; un amor en cuya virtud Dios no sólo nos tiene siempre ante sus ojos, siempre presentes en su pensamiento, sino que incluso está con nostros con toda su esencia, presente en nosotros, inclinándose solícito hacia nosotros, entregándosenos; un amor que se vuelca sobre cada uno de nosotros como si Dios no pudiera amar nada más en todo el mundo; un amor inagotable e insaciable que nunca se hartará de nosotros en tanto halle en nosotros el inmenso bien de la gracia. Por obra de la gracia se vuelve nuestra alma un claro espejo de la hermosura de Dios, reflejándola en toda su incomparable pureza y plenitud. Se convierte en templo de Dios, en trono de Dios, por Dios mismo maravillosamente construido y adornado. Por el poder de la gracia, somos «hijos de la luz», «luz en el Señor» (Eph 5, 8), iluminados hasta lo más hondo del alma por la celestial belleza y el divino esplendor, aclarada divinamente la vista del espíritu; aquí, por la luz de la fe, en el más allá, algún día, por la inefable luz de la gloria. Por obra de la gracia florece dentro de nosotros un hermosísimo paraíso en eterna primavera que no conoce el invierno, que continuamente da nuevas flores sin dejar marchitar las primeras; que con la hermosura y la savia de sus flores enciende los ojos y el corazón de Dios, y sobre el que envía Dios sus más ricas bendiciones. Con la gracia, reina majestuosa, entra en nuestra alma su riquísimo séquito: todas las virtudes sobrenaturales: fe, esperanza y caridad, justicia, prudencia, fortaleza, y todas las demás virtudes, junto con los dones del Espíritu Santo y la gracia coadyuvante que nos es dada diariamente en forma de iluminación del espíritu y estímulo de la voluntad (una riqueza incomparable). «Todos los bienes me vinieron juntamente con ella, y en sus manos me trajo una riqueza incalculable. Es para los hombres tesoro inagotable, y los que de él se aprovechan se hacen participantes de la amistad de Dios» (Sap 7, 11 y 14).

Aumento de gracia salvadora y aumento de gracia que nos levanta: esto es lo que nos da la confesión frecuente.

Pero aumento de gracia nos lo dan también los otros santos sacramentos, la confirmación, la sagrada comunión, etc., cuando son recibidos en «estado de gracia». Y, sin embargo, es distinto el efecto de la sagrada confirmación o comunión del de la confesión frecuente. Pues la misma gracia santificante tiene en los distintos sacramentos unas cualidades y características diferentes, típicas de cada sacramento. Esta interior naturaleza y fuerza de la gracia santificante, esencialmente una, diferente en cada sacramento, la llamamos gracia sacramental. Es la gracia santificante, tal como es producida en su caracterísítica naturaleza y fuerza, por este o aquel sacramento, por la santa confirmación, por la comunión, por el sacramento de la penitencia.

La gracia sacramental que recibimos en la confesión frecuente es el aumento de la gracia santificante del tipo que tiene la especial misión y fuerza de borrar los pecados veniales cometidos. Si bien el pecado venial nada puede interiormente contra la gracia santificante del alma, si bien no puede disminuirla ni quitarle un solo grado de su hermosura y plenitud, mancha, en cambio, y afea a la gracia santificante, recubre de tal forma el fuego sagrado, que ya no puede arder libremente y con toda su fuerza; debilita el ardor y la fertilidad de la gracia, ahoga su fuerza vital, entorpece su crecimiento y su eficacia. En la confesión frecuente da un aumento de gracia. Esta gracia tiene el poder especial de limpiar al alma de su mancha, de modo que la gracia vuelva a lucir en toda su hermosura y pureza; tiene el poder de arrancar del alma poco a poco todo aquello que entorpece y pone trabas al ardor y eficacia de la gracia y lo que obstaculiza el progreso del hombre interior; tiene la fuerza de someter por completo nuestras energías naturales a la acción de la gracia y de orientarlas hacia lo divino y sobrenatural; tiene el poder de llenarnos del espíritu de penitencia y del dolor sobrenatural continuo por los pecados cometidos, asegurándonos y fortaleciéndonos así contra nuevos pecados e infidelidades; nos da la fuerza de contrarrestar eficazmente, con el poder de Cristo, tanto las causas y motivos de los pecados leves como también sus consecuencias; da al alma nueva lozanía, nuevos ímpetus para subir y progresar; en opinión de muchos teólogos, nos da un título para todas las gracias coadyuvantes, para las iluminaciones, inspiraciones y estímulos, interiores y exteriores, de que tenemos necesidad para cosechar todo el fruto posible de la confesión frecuente.

¿No ha de sernos, pues, cara y santa la confesión frecuente? ¿No habremos de poner todo nuestro empeño en ser plenamente partícipes de toda su eficacia?

Oración

¡Bendice, alma mía, al Señor, y no olvides ninguno de sus favores! Él perdona todos tus pecados y derrama sobre tu cabeza gracia y misericordia. Cuanto sobre la tierra se alzan los cielos, tanto se eleva su misericordia sobre los que le temen. Cuan lejos está el oriente del occidente, tanto aleja de nosotros nuestras culpas. Amén.

20. EL TEMOR DE DIOS

«Vivid en temor en el tiempo de vuestra peregrinación» (1 Petr 1, 17).

1. En relación con Dios, para nosotros, los hombres cristianos, hay dos actitudes fundamentales que mutuamente se unen y complementan: amor y homenaje, confianza y temor que humildemente se subordina, cercanía y distancia. «Me horrorizo y me enardezco; me horrorizo por cuanto le soy desemejante; me enardezco por cuanto le soy semejante» (SAN AGUSTÍN, *Confesiones* 11, 9). San Bernardo dice con razón: «Lo que nos santifica es la santa disposición del corazón, y ésta es doble: el santo temor de Dios y la santa caridad. Ellas son los dos brazos con los cuales abrazamos a Dios» *(De consid.* 5, 15). La santa Iglesia nos manda orar así: «Haz, Señor, que al mismo tiempo temamos y amemos tu santo nombre» (Domingo en la octava del Corpus Christi). Dios, plenitud del bien, de la pureza, de la felicidad y de la paz, nos atrae: ante Dios, absolutamente excelso, elevado, majestuoso, inaccesible, nos inclinamos humildemente: nos mantenemos a distancia de Él, tenemos temor a Él, a Él elevamos nuestras oraciones, a Él sometemos nuestra voluntad y tememos sus justos castigos.

2. «El temor de Dios es el principio de la sabiduría» (Ps 110, 10). «El temor del Señor es gloria y honor: alegra el corazón, produce contento, alegría y larga vida» (Sirach 1, 11 ss). El temor del Señor tiene esta promesa: «El Señor cumple los deseos de los que le temen; Él oirá su clamor y los salvará» (Ps 144, 19). Cristo mismo nos amonesta: «A vosotros, amigos míos, os digo yo: No temáis a aquellos que quitan la vida al cuerpo, y después de esto nada más pueden hacer. Yo os mostraré a quién habéis de

temer: temed al que, después de quitar la vida, puede arrojar al infierno. A éste es, os repito, a quien habéis de temer» (Lc 12, 4).

Cuando se trata de vencer el pecado o acabar con él y convertirnos seriamente, es cuando sobre todo se siente el temor. «Traspasa mi carne con tu temor» (Ps 118, 120): con el temor de la inexorable santidad y del justo castigo de Dios, que es capaz de aniquilar y exterminar mundos, pueblos, culturas enteras, por causa del pecado; con el temor de la justicia de Dios que no perdonó a los ángeles pecadores, que a causa del pecado castiga a los hombres con tantas miserias y sufrimientos y, como fruto más amargo del pecado, con la muerte a la que todos estamos sometidos; con el temor al castigo de la justicia de Dios en el purgatorio y, sobre todo, en el infierno, con el tormento y la desgracia interminables en eterno alejamiento de Dios. Sí, «oh Dios, traspasa mi carne con tu temor». Éste debe grabarse tan profundamente en lo más íntimo de nuestro ser, que continuamente nos frene, nos aleje del mal y nos mueva a proseguir la lucha contra el pecado.

Pero no solamente antes de la conversión, también cuando nos hemos vuelto enteramente a Dios y hemos roto con el pecado mortal, debemos sentirnos traspasados por el temor de Dios. El temor nos impulsa a hacer penitencia por los pecados cometidos y nos preserva de los pecados y faltas en el porvenir. El temor a los castigos que por nuestros pecados hemos merecido nos da valor para tomar sobre nosotros los esfuerzos diarios, las renunciaciones y luchas sin las cuales no podemos librarnos del pecado ni unirnos perfectamente con Dios. Siempre tenemos motivo para sentirnos traspasados del temor de Dios en vista de las muchas ocasiones de pecar, en vista de nuestra flaqueza, de la fuerza de las costumbres y aficiones torcidas, de la inclinación de nuestra naturaleza a dejarse llevar, en vista de los atractivos de la concupiscencia y del mundo, de las muchas faltas, descuidos y defectos que cada día cometemos.

Son muchos los que menosprecian el temor de Dios porque este temor les parece muy egoísta, casi indigno del cristiano. Quieren que únicamente impere el amor puro. No tienen razón. Es verdad que la devoción fundada en el amor puro debe anteponerse a la fundada en el temor; pero sería una exageración insana el querer considerar únicamente justificada la devoción de amor puro. El temor del que aquí se trata no es el temor servil o de esclavos. Éste se funda únicamente en la idea del castigo: si no hubiera que contar con el castigo, se pecaría sin reparo alguno; ese temor deja subsistente la voluntad de pecar, la voluntad pecaminosa; renuncia tan sólo a la ejecución del pecado, pero no a la voluntad interior. El temor a que aquí nos referimos teme la indignación de Dios y el castigo, pero de manera que llega hasta la voluntad y la aleja del pecado; rompe con el pecado aunque sea con miras al castigo señalado para el pecado. Este temor ahoga la afición de la voluntad al pecado. Es un temor moralmente bueno, noble y saludable, aun cuando queda muy atrás del temor filial, «un don de Dios y un impulso del Espíritu Santo», como expresamente enseña el Concilio de Trento. El temor filial es un temor de perfecto amor de Dios, de amor filial, muy íntimamente unido con Él y al mismo tiempo su garantía y expresión. El temor y amor filiales constituyen una única actitud, que gira en torno de dos polos: mirando a la bondad de Dios se inflama el amor, mirando a la majestad y justicia de Dios y a sí mismo se despierta el temor de perder al Dios amado por causa de los propios pecados.

3. El temor es tan sólo el comienzo; pero es comienzo, un apoyo imprescindible y un estímulo siempre poderoso. «Bienaventurado el que teme al Señor» (Ps 111, 1). «El temor del Señor evita lo malo» (Prov 8, 13). Nos saca de nuestra calma falsa y engañosa. El mayor de los males no es tanto el pecado mismo cuanto la tranquilidad, la permanencia en el pecado,

la ligereza y la superficialidad. El temor es un seguro contra nuestra debilidad. En general, será ante todo el temor el que nos asegure contra los pecados del porvenir. A pesar de todas las ventajas del amor puro sobre el temor, serán siempre relativamente pocos los que, a pesar de todas las dificultades que se presenten en contra, se mantengan a la larga por amor puro libres de pecado, incluso del venial. Sin embargo, siempre será verdad lo que dice la *Imitación de Cristo:* «Si quieres hacer algún progreso, mantente en el temor de Dios y no tengas demasiada libertad. No hay verdadera libertad ni alegría buena fuera del temor» (1, 21). «Quien pospone el temor de Dios no podrá permanecer largo tiempo en el bien, sino pronto caerá en los lazos de Satanás» (ibid., 1, 24). El temor y el amor de Dios están unidos. Quien solamente quiere que impere el amor, corre el peligro de descuidar el esfuerzo en la vida moral por una confianza desmedida en la bondad de Dios (quietismo); quien tan sólo conoce el temor al juicio de Dios, se cierra la entrada al amor de Dios (jansenismo). Mas, aun cuando obremos por motivos nobles y perfectos, no puede eliminarse el temor; está presente, aunque en segundo término, desde donde ejerce su importante función, y sigue siendo la seguridad contra nuestra flaqueza moral.

El motivo del temor es un motivo imperfecto de amor de Dios; con él amamos a Dios, pero con relación a nosotros mismos, porque tememos el castigo que nos espera si no le amamos y no guardamos sus mandamientos. Pero este temor puede y debe ser elevado por nosotros a un temor filial, es decir, a un amor imperfecto de Dios. En esta altura produce un sentimiento vivo de la grandeza y santidad de Dios y consiguientemente un profundo aborrecimiento hasta de los más pequeños pecados. Se convierte en temor del hijo que ama sinceramente a su padre, y su amor al padre le hace imposible causarle dolor e injurias. En el temor de causar dolor a un Dios y padre amante e íntimamente amado, logra-

155

remos sin gran esfuerzo evitar los pecados y dar una alegría a Dios, nuestro padre. De esa manera, el temor servil a Dios, por más que acentúe el yo y sea imperfecto, es un principio indispensable y un camino que conduce al temor filial y al amor perfecto de Dios.

4. Cuando nos acercamos a la santa confesión, puede sernos a menudo verdaderamente útil que nuestro arrepentimiento y sentimiento de culpa se funden conscientemente en el motivo del temor de Dios. De suyo, para la recepción del sacramento de la penitencia, bastaría este arrepentimiento imperfecto, este llamado arrepentimiento por temor, hasta para el perdón de los pecados mortales que se confiesen. Pero no nos contentaremos con este dolor imperfecto, sino que nos levantaremos al temor filial, es decir, al arrepentimiento por amor, al dolor por motivo de amor perfecto a Dios. De esta manera, la recepción del sacramento de la penitencia se convertirá verdaderamente para nosotros en una bendición.

Por el interés de dar vida y profundidad a la confesión frecuente, como en general a la sana piedad cristiana, es importante que, con fe viva y profunda, procuremos que actúen siempre sobre nosotros aquellas verdades que consolidan en nuestra alma el santo temor de Dios: nuestra total dependencia de Dios, nuestro sentimiento de culpa, nuestra flaqueza moral, nuestros diarios desfallecimientos a pesar de todo auxilio y gracia de Dios; la inviolable santidad de Dios, su pureza, su justicia y sus juicios sobre los pecadores en el tiempo y en la eternidad. A esto se añaden la vida y la pasión de Cristo, que más que nada nos enseñan lo que es la santidad de Dios y nuestro pecado. Es un hecho innegable que Dios se preocupa del pecado y que tiene que castigarlo, porque Él es santo, es la santidad misma. Frente al pecado, por más que mirado desde nosotros sea muy pequeño, no puede mostrarse indiferente. Y también es un hecho que Cristo no está delante de nosotros tan sólo como el Señor glorificado que vive en las delicias del Cielo, sino primero como el Cristo histórico, el Señor humillado y crucificado, pendiente de la cruz con escarnio y dolor, en expiación de nuestros pecados, de mi pecado. Tan grandes como son la santidad y justicia de Dios, así es de horrible el pecado del hombre. ¿Acaso hoy nosotros, los católicos, no nos interesamos demasiado unilateralmente por el Señor ensalzado y glorificado, y en cambio casi dejamos de ver al Señor que sufre y expía por nuestros pecados? Esa manera de ver redunda en perjuicio de la justa comprensión de la santidad y justicia de Dios, que castiga el pecado; en perjuicio de nuestra educación en el santo temor de Dios, que, sin embargo, es el comienzo de la sabiduría y el fundamento de toda vida verdaderamente religiosa y santa; en perjuicio de la más honda comprensión del pecado, hasta del pecado venial, de la santa confesión y de la vida de penitencia. Quiera la gracia de Dios preservarnos bondadosamente de todas estas ideas unilaterales.

Oración

Señor, haz que siempre temamos y al mismo tiempo amemos tu santo nombre (es decir, a Ti, Dios santo), a quienes firmemente mantienes en tu amor. Amén.

21. EL AMOR DE CONCUPISCENCIA

«¿Qué hay en el cielo y qué hay de desear en la tierra, fuera de Ti, Señor? Tú eres el Dios de mi corazón, y mi herencia, oh Dios, por toda la eternidad» (Ps 72, 25 y 26).

1. Hay algo sublime en el amor perfecto de Dios. El amor perfecto ama a Dios, a Cristo, por sí mismos, sin relación consciente y expresa a nuestro propio interés y a nuestra salvación temporal y eterna.

De otra manera es el amor de concupiscencia. Con él amamos a Dios, pero por nosotros mismos, es decir, porque la felicidad a que siempre y necesariamente aspiramos la vemos asegurada en Dios y sólo en Dios, y queremos asegurarla en Él. Amamos a Dios porque ahora, y después en el Cielo, es nuestra felicidad, nuestro bien, y en Él hallamos nuestra bienaventuranza, el cumplimiento pleno de todos nuestros deseos y aspiraciones. Este amor de concupiscencia, en cuanto ama a Dios no por sí mismo, sino en razón de nosotros mismos, es un amor imperfecto y egocentrista, como aquel amor a Dios que tiene por fundamento el temor de la pérdida de Dios y el temor del castigo. El amor de concupiscencia, llamado también amor de esperanza, es asimismo un verdadero amor a Dios, pero con vistas a nosotros mismos, a nuestra salvación eterna, que de Dios esperamos y en Dios hallamos. Es un amor que, aun relacionado con el yo, no lo está en el sentido de que nosotros tengamos nuestra mira puesta tan sólo en nuestra propia felicidad, que encontramos en Dios, sino en el sentido de que realmente amamos a Dios, aunque por ser Él nuestra felicidad y nuestra salvación en el tiempo y en la eternidad. El motivo de este amor es la esperanza de la felicidad eterna.

Este amor de concupiscencia y egocentrista ¿es moralmente irreprochable, moralmente bueno, digno del cristiano? ¿No merece Dios, no manda Dios el amor perfecto, el amor a Dios por Dios mismo y no por nosotros mismos? ¿Cómo es compatible este amor de concupiscencia con el precepto de amar a Dios con todo el corazón, con toda el alma, es decir, perfectamente? De hecho, ha habido no pocos que han estigmatizado este amor de concupiscencia (lo mismo que el amor nacido del temor del castigo) como moralmente rechazable y prohibido. No fueron éstos solamente algunos herejes, como Calvino y Lutero, fueron también hombres católicos profundamente religiosos, como, por ejemplo, el obispo Fénelon, con su teoría del «amor desinteresado»: Las almas perfectas, dice Fénelon, aman a Dios constantemente, ininterrumpidamente, con un amor tan puro, que todo movimiento de amor interesado queda excluido de él. Por consiguiente, quien ha llegado a la perfección de la vida cristiana no debe hacer ya ningún acto de esperanza en la vida eterna, sino más bien debe permanecer siempre indiferente respecto a su eterna salvación. «Ni el temor al castigo, ni la aspiración a premio tienen lugar en este estado. Se ama a Dios no por la recompensa, no por la propia perfección, ni tampoco porque se encuentra en Dios la felicidad. Todo "motivo interesado" de temor y de esperanza queda excluido.»

Estas ideas son expresamente rechazadas y condenadas como «perniciosas» por la santa Iglesia. Todavía hoy encontramos no pocas veces una cierta manera de despreciar el amor de concupiscencia como cosa de menor valor, y presentar como algo despreciable todo esfuerzo por crecer en la vida interior, en virtud y perfección, y por hacer méritos para la vida eterna, como si el cristiano, y el cristiano perfecto, tan sólo pudiera aspirar a un amor desinteresado de Dios, a un amor que de ninguna manera esté vinculado con un amor algo basado en el yo y con el amor de sí mismo, moralmente valioso, sano y ordenado, como si todo el amor propio en general fuera ya desordenado, por no decir pecaminoso, y consiguientemente incapaz de servir como camino, como etapa previa del amor desinteresado de Dios.

2. Según la concepción católica, la virtud de la esperanza, junto con la de la fe y la caridad, es una virtud teologal. Tiene como objeto directo a Dios, a Dios en cuanto constituye nuestra eterna bienaventuranza. Con la virtud teologal de la esperanza esperamos confiadamente los bienes que Dios nos ha prometido; en primer lugar, la bienaventuranza futura en cuanto es fruto de la gracia divina y de nuestro propio mérito. Pues nosotros, según la palabra del apóstol, «somos escogidos para el conocimiento de la verdad, que da la esperanza de la vida eterna» (Tit 1, 2). En otro lugar escribe San Pablo: «Dios,

Padre glorioso de nuestro Señor Jesucristo, os dé espíritu de sabiduría y de ilustración, para conocerle, iluminando los ojos de vuestro corazón, a fin de que sepáis cuál es la esperanza de su vocación, y cuáles las riquezas y la gloria de su herencia destinada para los santos [los bautizados, cristianos], y cuál aquella soberana grandeza de su poder sobre nosotros, que creemos según la eficacia de su poderosa virtud» (Eph 1, 18 s). «Nosotros suspiramos dentro de nosotros mismos esperando la adopción de hijos, la redención de nuestro cuerpo [en la resurrección de los muertos]» (Rom 8, 23). «Por Él [Cristo] hemos logrado el acceso al estado de la gracia, en que nos mantenemos, y nos gloriamos en la esperanza de la gloria de Dios» (Rom 5, 2).

Nuestra esperanza no debe aspirar únicamente a la bienaventuranza eterna, sino también a muchos otros bienes, en cuanto nos ayuden a la bienaventuranza eterna: esperamos de Dios todos aquellos auxilios sobrenaturales: direcciones, iluminaciones, mociones y gracias, que nos son o necesarios o provechosos para obtener la salvación eterna. Esperamos de Dios la ayuda necesaria en nuestros trabajos, luchas, dolores y dificultades, a fin de poder resistir a la tentación, levantarnos del pecado, practicar la virtud cristiana y de esa manera llegar a una vida santa. Pues el Señor vino «para que nosotros tengamos vida y la tengamos abundante» (Ioh 10, 10). Hasta los mismos bienes temporales podemos esperarlos de Dios, medios necesarios o provechosos para nuestra salvación: vida, salud, bienes, honor.

¿No es acaso el Señor mismo quien promete a los que abandonen por su nombre casa, hermano y hermana, padre y madre, que recibirán «ciento por uno y la vida eterna»? (Mt 19, 29). A quienes trabajen en su viña les promete y les da su recompensa (Mt 20, 1 ss). A los pobres de espíritu les promete el reino de los cielos; a quienes padecen hambre y sed de justicia les promete que serán saciados; a los limpios y puros de corazón les asegura que verán a

Dios. «Bienaventurados seréis cuando por mi nombre os maldijeren y persiguieren. Gozaos y regocijaos, porque es muy grande la recompensa que os aguarda en el cielo» (Mt 5, 2-12). Son motivos basados en el yo, los que invoca el Señor. La sagrada liturgia trata innumerables veces de conquistarnos para la lucha cristiana, para la renunciación y el esfuerzo, apelando a nuestro amor propio ordenado, al amor de concupiscencia.

Finalmente, esto es claro: si únicamente quisiéramos aspirar al amor a Dios interesado sin unirlo orgánicamente con un amor a Dios apoyado en el yo, pero justificado, y con un amor a nosotros mismos, pero sano y ordenado, caeríamos en un espiritualismo unilateral y en un supranaturalismo. Las fuerzas inferiores del alma quedarían completamente insatisfechas, hasta se las ahogaría a la fuerza. De esta manera, las fuerzas anímicas fundamentales, la aspiración natural a la felicidad nunca quedarían moralmente purificadas y ennoblecidas. La consecuencia de ello sería que nosotros, con nuestra piedad y amor a Dios, unilateralmente espiritualizados, jamás llegaríamos a ser hombres naturalmente fuertes, personalidades vigorosamente cristianas y religiosas, sino que más bien representaríamos aquel tipo de «personas devotas» que a los demás imponen poco respeto o hasta les son repulsivas. Dios nos ha hecho de manera que, naturalmente, ante todo somos impresionados por el dolor y bienestar propio. Por eso Cristo, al amor cristiano al prójimo, le da como norma el amor propio, y es una ley universalmente reconocida: «El amor bien ordenado empieza por sí mismo.» Antes que al prójimo tengo yo que santificarme a mí mismo y procurar mi perfección. Así, pues, el amor a uno mismo es una exigencia de la virtud, de manera que al hombre le es imposible eliminar por completo el amor propio y ser indiferente respecto a su verdadera felicidad.

Sólo que el amor a nosotros mismos no debe ser lo último, aquello en que quedemos parados. Sería

161

un amor desordenado y torcido, si quisiéramos tratar a Dios y amarle tan sólo como medio para nuestra felicidad. El amor a nosotros mismos, fundamentalmente, no es otra cosa que un camino para el amor. Nos lleva por encima de nosotros mismos al amor perfecto de Dios. Y eso desde el momento en que comenzamos a amarnos por Dios; y eso por ser, y en cuanto somos nosotros, obra de Dios, hijos de Dios, instrumentos de su glorificación. De esta manera, el amor a Dios viene a ser motivo del amor a nosotros mismos: nos amamos en Dios y por Dios, porque pertenecemos a Dios y amamos todo lo que pertenece a Dios. De esta manera el amor hacia nosotros mismos nos eleva también, más allá del mismo, al amor perfecto a Dios, así que en nuestra propia felicidad eterna vemos más que a nosotros mismos, vemos la gloria de Dios, el honor de Dios, pues en realidad nuestra bienaventuranza eterna consiste en conocer a Dios, amarle y adorarle, darle gracias, alabarle y glorificarle en Cristo y por Cristo; al Señor glorificado en la Iglesia y con la Iglesia, con los ángeles y los bienaventurados.

3. Está, pues, permitido y tiene su razón de ser el que en la santa confesión incluyamos el amor de concupiscencia como motivo de arrepentimiento. No es ése un dolor perfecto, pero es, sin embargo, un dolor que en la santa confesión es suficiente para obtener de Dios hasta el perdón de los pecados mortales. Sin embargo, siempre, y especialmente en la preparación para la santa confesión, pondremos nuestro empeño en hacer de tal amor y del deseo de gozar de Dios y de sus delicias tan sólo camino para elevarnos al amor perfecto hacia Dios, en el que nos amamos a nosotros en Dios como criaturas, como hijos de Dios, como instrumento de su glorificación, que buscamos con nuestra propia felicidad, con nuestra aspiración a ser, aquí en la tierra y más tarde en el cielo, una adoración y glorificación encarnada de Dios, un incesante loor a Dios Padre, Hijo y Espíritu Santo. «Dios eterno, yo quiero ser tu alabanza.»

Omnipotente y sempiterno Dios, danos aumento de fe, esperanza y caridad. Y para que merezcamos alcanzar lo que tú prometes, haz que amemos lo que Tú mandas. Amén. (Oración de la Iglesia en la domínica 13 después de Pentecostés.)

22. LA CARIDAD PERFECTA

«El amor perfecto echa fuera el temor» (1 Ioh 4, 18).

1. El centro y al mismo tiempo la cumbre de la devoción cristiana se halla en el amor perfecto hacia Dios. Es el amor a Dios por Él mismo, es decir, porque Él en sí mismo es bueno y digno de todo amor, es la plenitud de todo lo puro, noble, bueno, santo y grande.

De este amor escribe el Apóstol: «Si hablare las lenguas de los hombres y de los ángeles, pero no tuviere caridad, vendría a ser bronce que resuena, o címbalo que clamorea. Y si tuviere don de profeta y supiere todos los misterios y toda la ciencia, y tuviere toda la fe hasta trasladar montañas, pero no tuviere caridad, nada soy. Y si gastare mi hacienda entera en pan para los pobres, y entregara mi cuerpo para ser quemado, y no tengo caridad, nada me aprovecha» (1 Cor 13, 1-3). Por supuesto, no habla del amor natural, sensible, que tan sólo es un fenómeno puramente instintivo, ni tampoco del espiritual, racional, meramente natural, fruto de un conocimiento claro y de una firme voduntad, sino del amor sobrenatural, fundado en la fe y en la gracia, y que abarca a Dios y a todo lo creado con miras a Dios y por Dios.

El amor perfecto es una virtud «teologal». Se llama caridad «divina» porque se dirige directamente a Dios, y todo lo demás que fuera de Dios ama, lo ama con relación a Dios, por Dios y en Dios. Se llama también amor «divino» porque ha sido «infundido en nuestros corazones por el Espíritu Santo» (Rom 5, 5), es decir, ha sido infundido por Dios en nuestra alma, y por nuestras propias fuerzas no lo podemos obtener. Finalmente, es «amor divino» porque con él amamos a Dios de tal manera como solamente Él, en virtud de su naturaleza divina, se puede amar. Es un ascua que Dios mismo, el Espíritu Santo, que con amor santo habita en nosotros, enciende en nosotros mismos, una imagen e imitación de aquella divina y mutua efusión de amor del Padre y del Hijo de la cual procede el Espíritu Santo y que es el mismo Espíritu Santo. Es una chispa, una llama de aquel amor divino en que arde el mismo Dios, una flor de la vida y de la divina felicidad.

El amor es lo más dulce y más amable que existe en el cielo y en la tierra. Para el amor está formado nuestro corazón; en él halla su felicidad. En él se abre lo más íntimo y hondo de su ser, para entregarse por entero, para vivir y florecer en él. A ninguna otra cosa aspira, sino a encontrar un objeto digno de su amor, en el que se pueda derramar y verter por entero. ¿Qué es, pues, en resumen, ese amor sobrenatural, divino y santo, que mediante el Espíritu Santo es infundido juntamente con la gracia en nuestros corazones y que procede inmediatamente de Dios, y a Dios tiene por objeto? La *Imitación de Cristo* tiene razón cuando dice: «Nada hay más dulce que el amor; nada más fuerte, nada más sublime, nada más amplio, nada más amable, nada más pleno y mejor en el cielo y en la tierra, porque el amor nace de Dios, y únicamente puede descansar en Dios más allá de todo lo creado. El que ama, vuela, corre y está lleno de felicidad; está libre y sin trabas. Lo da todo para todo, y en todas las circunstancias lo tiene todo, porque descansa en el único supremo bien, que está sobre todo y de quien procede todo bien» (lib. 3, cap. 5). Este amor sobrenatural, divino y santo, y sólo él, es el que con la ingenuidad de un niño y la confianza de una esposa en santo atrevimiento se eleva hasta Dios, para estrecharle en el más dulce e íntimo abrazo como Padre, como amigo, como esposo, para penetrar hasta los más recónditos abismos de su bondad y dulzura y disolverse en las honduras de su divino corazón.

Sólo mediante este santo amor llega Dios a ser verdaderamente nuestro, nuestra posesión. Por el amor poseemos a Dios no sólo en deseo y aspiración, sino en la más perfecta realidad. Con el amor, le tenemos a Él, Dios Padre, Hijo y Espíritu Santo, en nuestros corazones. Mediante el amor santo nos acercamos cada vez más a Dios y nos hacemos cada vez más semejantes a Él, unidos a Él, y al mismo tiempo fundidos en un espíritu, como dos llamas se unen en una llama. Pues la naturaleza divina es un fuego puro, un río ardiente de amor. Si, pues, se encuentra en nosotros una llama de amor semejante, tiene que unirse con aquélla tan íntimamente, que esta unión sobrepase por completo toda unidad de amor que exista entre las criaturas, todo amor terrenal. El amor divino, y sólo él, sacia nuestro corazón en el torrente de las delicias divinas. El amor hace florecer en nosotros una vida eterna y siempre nueva y nos abrasa con fuego celestial. Algo grande es la esperanza cristiana. Pero más grande que la fe y más grande que la esperanza es el amor. «Ahora permanecen estas tres cosas, fe, esperanza y caridad; pero la mayor entre ellas es la caridad» (1 Cor 13, 13).

2. «Corred para alcanzar la caridad.» La caridad santa es el último fin de todos los mandamientos. Todos ellos están compendiados en un solo mandamiento: «Amarás al Señor, tu Dios.» Al amor se refieren todos los demás mandamientos, en él y mediante él quedan todos cumplidos. Todo verdadero cumplimiento del deber es obra del amor. La caridad es la primera y la última de todas las virtudes, es toda virtud. «La caridad es sufrida, es dulce y bienhe-

chora. La caridad no tiene envidia, no obra precipitada ni temerariamente, no se ensoberbece, no es ambiciosa, no busca sus intereses, no se irrita, no piensa mal, no se huelga en la injusticia, complácese, sí, en la verdad. A todo se acomoda, cree todo, todo lo espera y lo soporta todo» (1 Cor 13, 4 ss): ella es toda la virtud. Donde vive la caridad, está todo; donde falta la caridad, falta todo.

Por eso somos llamados al amor. «Amarás al Señor, tu Dios.» «Señor, enciende en nosotros el amor», le rogamos. «Corazón de Jesús, que ardes en amor para con nosotros, inflama nuestros corazones con amor a Ti.» El alimento del amor son las obras. El amor se enferma y muere cuando no es alimentado con buenas obras, así como el fuego se apaga cuando no se le ceba con combustible. El combustible saca del fuego la llama, pero a su vez alimenta con la llama el fuego. De esta manera, las buenas obras mediante el amor reciben su fuego, pero mediante el fuego se conserva el amor y crece en fuego. Quien quiere obras buenas, conserve el amor; y el que quiere amor, haga obras de amor. El que quiera el amor perfecto, es menester que con todas sus fuerzas aspire al crecimiento del amor mediante continuas obras buenas, dispuesto a hacer todo el bien que en sus circunstancias le sea posible hacer.

3. «Corred para alcanzar la caridad.» Éste es el fin al que tendemos en la santa confesión. La purificación del pecado es tan sólo camino y paso al amor perfecto.

Mediante el amor conocemos de nuevo qué daños causa en el alma el pecado venial. Éste debilita el celo del amor, aquel sentimiento fuerte y generoso que está dispuesto a darlo y ofrecerlo todo a Dios. La llama, la fuerza del amor, no puede desplegarse. Al contrario, es rechazada, y en su tendencia a Dios es detenida y obstaculizada: un daño inmenso no sólo para nosotros mismos, sino al mismo tiempo para la comunidad, para la Iglesia, y sobre todo para la gloria de Dios. ¿De qué manera eliminaremos el pecado venial? Precisamente yendo hacia el amor con toda nuestra voluntal y creciendo en el amor.

Oración

Señor mío, Jesucristo, que dijiste: «Pedid y recibiréis, buscad y hallaréis, llamad y os abrirán», te rogamos nos des el fuego de tu divino amor, para que te amemos con todo nuestro corazón en palabras y obras, y jamás cesemos en tu alabanza. Amén.

23. El amor a Cristo

«Por todos ha muerto Él, para que los que viven no vivan ya más para sí, sino para Aquel que para todos murió y resucitó» (2 Cor 5, 15).

1. «Amarás al Señor tu Dios con todo tu corazón, con toda tu alma y con toda tu mente. Éste es el primero y más importante mandamiento» (Mt 22, 37). Amar a Dios, al Padre, al Hijo y al Espíritu Santo. Por amor, Dios Padre nos ha enviado a su Hijo unigénito. Agradecidos confesamos «al único Señor Jesucristo, Hijo unigénito de Dios. Él nació del Padre antes de todo tiempo, Dios de Dios, Luz de Luz, Dios verdadero de verdadero Dios, engendrado, no creado, una sola naturaleza con el Padre». Por eso a Él, Hijo de Dios, le corresponde nuestro amor entero e indiviso que tenemos a Dios. Aun respecto a Él, nos obliga el gran mandamiento: «Amarás al Señor tu Dios.» Todo el amor de gratitud, de complacencia, de benevolencia, de conformidad con la voluntad de Dios y de amistad, lo consagramos también a Él, al Hijo de Dios hecho hombre, como lo consagramos al Padre y al Espíritu Santo: amor de todo corazón, con toda el alma y con todas las fuerzas; un amor con el que al Hijo de Dios

le amamos sobre todas las cosas y más que todas las cosas, y amamos todas las cosas por Él; un amor ardiente, que para el amado lo arriesga todo, lo pone todo y lo sacrifica todo.

2. «Por nosotros los hombres y por nuestra salvación descendió del cielo y tomó carne [la naturaleza humana] y se hizo hombre.» Tenía la naturaleza de Dios; es Dios, verdadero Dios. «Se anonadó a sí mismo, tomó figura [naturaleza] de esclavo, se hizo semejante a los hombres y en su exterior fue como hombre. Se humilló a sí mismo y se hizo obediente hasta la muerte, hasta la muerte de cruz» (Phil 2, 6-8). Recordemos: Belén, el pesebre, el establo, la pobreza; la huida a Egipto; la vida oculta en Nazaret, en oración, trabajo y obediencia a María y José; la vida pública con sus dificultades, renuncias y privaciones; es odiado, blasfemado y calumniado. ¿Qué nos dicen el huerto de los Olivos, la columna de la flagelación, la sala del tribunal de los judíos y de Pilato; la coronación de espinas, el camino de la cruz hacia el Gólgota, la cruz en que se desangra... todo, todo por amor a nosotros los hombres, y a mí personalmente? «Él me ha amado y se ha sacrificado por mí» (Gal 2, 20). A mí, a mí me tenía claramente ante sus ojos; en mí pensaba Él en Belén, en Nazaret, en el huerto de los Olivos, en el Gólgota. ¡Qué amor! ¿Y no he de regalarle mi amor entero, un amor ardiente, fuerte, entusiasmado y agradecido? «Para que los que viven no vivan ya más para sí, sino para Aquel que murió por ellos.»

Y no se contentó con eso. Subió al cielo, al Padre, pero no puede abandonarnos. Y por eso quiere estar cerca de nosotros y se nos da en una nueva forma y existencia, en el santísimo sacramento de la Eucaristía, el sacramento del amor. «Como amaba a los suyos, los amó hasta el fin» (Ioh 13, 1) y les dio la más alta prueba de su amor. «Dios con nosotros.» No puede estar sin nosotros. Así, pues, vive Él adorando por nosotros, en lugar nuestro, alabando al

Padre, agradeciéndole, dándole satisfacción, rogándole por nosotros, sus hermanos, en medio de nosotros, día y noche, siempre pensando en nosotros, en mí, siempre preocupado por nosotros, con amor. Día por día hace sacrificio de sí mismo por nosotros al Padre, como ofrenda de alabanza, de agradecimiento, de expiación; y nos incluye en su sacrificio, para que con Él y por medio de Él roguemos y adoremos perfectamente al Padre como verdaderos adoradores que adoran al Padre en espíritu y en verdad, pues «semejantes adoradores busca el Padre» (Ioh 4, 23); para que nosotros, mediante la participación en el santísimo sacrificio de la Eucaristía, nos hagamos participantes de los frutos y gracias del sacrificio de la cruz. Por siete canales nos llegan desde el altar estas gracias: sobre todo por la santa comunión, en la que Él con un amor sin igual se convierte en alimento de nuestra alma, alimento que nos trasforma en Él, que nos llena y da vida con su espíritu y con su vida. Ahí descansa Él en nuestro interior, corazón junto a corazón, y nos hace gustar la plenitud y dulzura de su amor. ¡Qué amor! ¿Y no he de corresponder yo a ese amor con el más tierno e íntimo amor? ¿Y su amor en los sacramentos del santo bautismo, de la santa confirmación, de la penitencia, de la extremaunción? Efectivamente, «Él me ha amado y se ha sacrificado a sí mismo por mí» (Gal 2, 20). ¿Y no he de amarle?

Amor de gratitud. Y amor de conformidad con su voluntad. Él se ha hecho para nosotros «el camino, la verdad y la vida» (Ioh 14, 6). Él nos precede en el camino por donde nosotros debemos ir. Él nos manifiesta su voluntad en sus admoniciones, indicaciones y preceptos: «Bienaventurados los pobres de espíritu, los que lloran, los mansos de corazón, los limpios de corazón, los compasivos». Son tantas bienaventuranzas como normas, por no decir preceptos para nosotros. Él nos enseña a orar: «Padre nuestro, santificado sea tu nombre, hágase tu voluntad, perdónanos nuestras deudas así como nosotros per-

169

donamos a nuestros deudores» (Mt 5, 3 s; 6, 9 ss). «Sed perfectos como vuestro Padre celestial es perfecto: Él hace salir su sol sobre los buenos y sobre los malos y envía la lluvia a los justos y a los injustos. Así, pues, amad a vuestros enemigos, haced bien a los que os odian, y rogad por los que os persiguen: de esta manera seréis hijos de vuestro Padre» (Mt 5, 43 ss). Una cosa sobre todo desea ardientemente: que nos amemos los unos a los otros como Él nos ama, y que seamos uno en el amor (Ioh 13, 34; 15, 17; 17, 21). Él nos ruega, Él nos manda: «Permaneced en mi amor.» «Si vosotros guardáis mis mandamientos, entonces permaneceréis en mi amor, así como yo guardo los mandamientos de mi Padre y permanezco en su amor» (Ioh 15, 10). Amor de conformidad con su voluntad, con todo lo que Él nos recomienda, lo que de nosotros desea, lo que nos manda. Éste es el amor de acción, amor genuino, verdadero, activo, a Jesús.

Amor de conformidad con su santa voluntad. Ésta nos la manifiesta en su vida y en sus obras, tal como nos las describen los santos Evangelios, en los inagotables misterios, como nos los presenta ante nuestra vista año por año la santa liturgia, para que ahondemos en ellos y conozcamos lo que de nosotros desea. «Aprended de mí» (Mt 11, 29). «Ejemplo os he dado para que vosotros también obréis así» (Ioh 14, 6). «El que quiera seguirme, niéguese a sí mismo, tome su cruz sobre sí y sígame» (Mt 16, 24). Él va delante de nosotros y nos llama diciendo: «Ven, sígueme» (Mt 19, 21). Y nosotros le seguimos con amor confiado, abnegado, dispuesto al sacrificio, con un amor que busca hacerse completamente semejante a Él, en su actitud interior y su sentimiento respecto del Padre, respecto del prójimo, respecto de nosotros mismos, respecto de la vida; en la acción externa y en el sentimiento. Así convivimos nosotros, con amor gozoso, su vida y la vida de ascetismo voluntaria, de renunciamiento y de pobreza; la vida de humildad, de obediencia, de pureza, de alejamiento de lo opuesto a la voluntad de Dios; la vida de adoración a Dios, de tranquila soledad, de silencio, de oración, de trabajo y de sufrimiento en todas sus formas. Por este amor ante todo es por lo que luchamos para que nuestro querer, nuestro orar y nuestra vida entera se asemejen a su santa voluntad, a su palabra y a su ejemplo. Éste es el genuino y verdadero amor a Jesús.

Amor de complacencia. ¡Cómo nos alegramos por toda la grandeza y gloria que el Padre dio al Hijo de Dios hecho hombre en su entrada en la existencia terrena como herencia! ¡Cómo nos alegramos por la plenitud de la verdad y de la gracia que el Padre difundió sobre la naturaleza humana de Cristo; por la plenitud de la virtud que a Él sobre todos la distingue; por el poder que el Padre ha comunicado al Hijo hecho hombre; por cuanto le recibió en el Cielo y le hizo Señor y Rey del universo! «Tú solo eres el Santo, Tú solo el Señor, Tú solo el Altísimo, Jesucristo, con el Espíritu Santo en la gloria del Padre.» ¿Y no ha de ser Él toda nuestra delicia? Cuando contemplamos su santísimo corazón y, por ejemplo, consideramos la letanía del Sagrado Corazón o la letanía del Santísimo Nombre de Jesús y todas esas grandezas, ¿podremos dejar de alegrarnos y felicitarle con el más ardiente amor de complacencia?

Nuestro amor de complacencia, con respecto al Señor, humillado, odiado y rechazado por tantos, se convierte en amor de compasión. Ese amor contempla amorosamente la Pasión del Señor tal como nos la describen los santos Evangelios; acompaña al Señor en todos los momentos, en todas las estaciones de su doloroso Vía Crucis; se coloca junto a María y Juan, bajo la cruz, y va penetrando cada vez más profundamente en el misterio del amor y de los sufrimientos de Jesús. Convive sus ofensas, su deshonor, sus tormentos, su muerte. Con profundo dolor ve cómo aun hoy mismo el Señor es expulsado y rechazado por la humanidad, y condenado como impostor, en su persona, en su Iglesia, en sus sacerdotes, en sus fieles. El amor de compasión impulsa al alma a que, en la medida de sus fuerzas, pida perdón al Señor y le ofrezca expiación, a que con tanto mayor fidelidad y abnegación le consuele como el ángel que bajó del cielo, consoló al Señor en su aflicción en el huerto de los Olivos. El amor de compasión hace fuerte al alma para los mayores sacrificios y renuncias, para la generosa participación en los dolores del Amado, para de esta manera alegrarle, de modo que al mismo tiempo sienta menos el mal con que le zahieren los hombres. ¡Cuán fructuoso, cuán precioso es este amor de compasión: un amor como el que le ofreció María cuando le siguió en el camino de la cruz!

El amor de benevolencia. ¿Qué es lo que le deseamos nosotros a Él, el Amado de nuestro corazón? Que Él sea reconocido, sea amado en su Persona, en su Evangelio, en sus misterios, en su Iglesia, en sus hermanos y hermanas. «El amor a Cristo nos apremia.» Nos hacemos apóstoles de la oración, y día y noche elevamos nuestras manos para implorar bendición y gracias sobre la santa Iglesia, sobre el Santo Padre de Roma, sobre los obispos, sobre los sacerdotes, sobre todos los cristianos. Ardemos en santo celo por las almas, que el Señor con su sangre ha redimido, de manera que sean arrancadas de las garras de Satanás y de la cadena del mundo, de manera que encuentren el camino que conduce a Cristo y, mediante Él, el camino que va al Padre. «El amor a Cristo nos apremia a fin de que nosotros mismos vivamos cada vez más puros para Él, que por nosotros murió y resucitó: a fin de que le honremos con nuestro obrar, con nuestra vida, para que le representemos dignamente a Él y a su espíritu ante el mundo, en nuestra familia, en nuestra profesión, para que en todas partes seamos un testimonio viviente a favor de Cristo mediante una vida verdaderamente cristiana, conforme con Cristo, en la imitación de Cristo, del Señor, pobre, humillado, obediente y crucificado.

3.   A eso aspiramos con la confesión frecuente, a llegar a aquella pureza de espíritu y corazón que nos hace libres para el amor a Cristo, amor ardiente y dispuesto al sacrificio, de manera que con el Apóstol podamos decir: «Las cosas que en otro tiempo me eran ganancias, ésas por amor de Cristo las reputé quiebra. Y más todavía todas las cosas estimo ser quiebra, porque el conocimiento de mi señor Jesucristo, por quien de todas las cosas hice renuncia, está elevado sobre todo. Sí, las reputo basura para ganar a Cristo y para ser hallado justificado ante Él. Quisiera conocerle a Él y el poder de su resurrección y la comunión en sus dolores, y quiero asemejarme a Él en la muerte con el pensamiento de que llegaré a la resurrección de los muertos» (Phil 3, 7-11).

Aquí, en la tierra, amar es padecer. El verdadero amor a Dios y a Cristo es engendrado en la cruz y sólo bajo la cruz criado y llevado a la perfección. El que no quiere sufrir, no ama. El amor impulsa al sufrimiento porque en el sufrimiento puede poner de manifiesto toda su fuerza. Y el amor necesita manifestarse por necesidad interior. Ante todo, es el amor al Salvador el que impulsa al sufrimiento, ya que Él es el amor crucificado; la meditación de su Pasión despierta infaliblemente en un corazón amante el pensamiento de dolor y de expiación.

Oración

«Concédeme Tú, dulcísimo y amantísimo Jesús, que descanse en Ti sobre todas las cosas criadas; sobre toda salud y hermosura; sobre toda gloria y honra; sobre todo poder y dignidad; sobre toda ciencia y sutileza; sobre todas las riquezas y artes; sobre toda alegría y gozo; sobre toda fama y alabanza; sobre toda suavidad y consolación; sobre toda esperanza y promesa; sobre todo merecimiento y deseo; sobre todos los dones y regalos que puedes dar y enviar; sobre todo gozo y dulzura que el alma puede recibir y sentir, y, en fin, sobre todos los ángeles y arcángeles, y sobre todo el ejército celestial; sobre todo lo visible e invisible; y sobre todo lo que no eres Tú, Dios mío. Porque Tú, Señor, Dios mío, eres bueno sobre todo; Tú solo altísimo; Tú solo potentísimo; Tú solo suficientísimo y llenísimo; Tú solo suavísimo y agradabilísimo; Tú solo hermosísimo y amantísimo; Tú solo nobilísimo y gloriosísimo sobre todas la scosas, en quien están, estuvieron y estarán todos los bienes junta y perfectamente.

» ¡Oh esposo mío amantísimo Jesucristo, amador purísimo, Señor de todas las criaturas! ¿Quién me dará alas de verdadera libertad para volar y descansar en Ti? ¿Cuánto me recogeré del todo en Ti, que ni me sienta a mí por tu amor, sino sólo a Ti sobre todo sentido y modo, y de un modo no manifiesto a todos? Ven, ven, pues sin Ti ningún día ni hora será alegre; porque Tú eres mi gozo. Miserable soy, y como encarcelado y preso con grillos, hasta que Tú me recrees con la luz de tu presencia y me pongás en libertad y muestres tu amable rostro» (KEMPIS, *Imitación de Cristo*, 3, 21).

24. EL AMOR DEL CRISTIANO AL PRÓJIMO

«Un nuevo mandamiento os doy, y es que os améis unos a otros; y del modo que yo os he amado a vosotros, así también os améis recíprocamente» (Ioh 13, 34).

1. «Como hubiese amado a los suyos, que vivían en el mundo, los amó hasta el fin. Y así, acabada la cena... levántase de la mesa, y quítase sus vestidos, y habiendo tomado una toalla, se la ciñe. Echa después agua en un lebrillo, y pónese a lavar los pies de los discípulos, y a enjugarlos con la toalla que se habaí ceñido» (Ioh 13, 1-5). He aquí un acto de amor humilde y servicial del Señor a sus discípulos. Y un segundo acto de amor: En la misma noche, «habiendo tomado pan, dio gracias, lo partió y se lo dio diciendo:

174

Éste es mi cuerpo, que se da por vosotros: haced esto en memoria mía. Y asimismo tomó el cáliz y dijo: éste es el cáliz, el nuevo testamento de mi sangre, que por vosotros se derrama» (Lc 22, 19-20). ¿Pudo darnos más que lo que nos dio en la institución de la santísima Eucaristía, en el sacrificio de la santa Misa y en la sagrada comunión? ¡Verdaderamente, un amor sin límites! Lo sella al día siguiente, el Viernes Santo: «Mayor muestra de amor nadie puede dar que el sacrificar su vida por sus amigos» (Ioh 15, 13). Con este ánimo va el Señor al huerto de los Olivos, se deja atar por sus enemigos, se deja juzgar y azotar de la manera más ignominiosa. Se deja coronar de espinas y clavar en la cruz. Por amor a nosotros, para expiar nuestras culpas y para conciliarnos la gracia del Padre, para que Él nos acepte como sus hijos queridos y nos dé la felicidad de su amor.

Cuando se acerca la hora de la despedida deja a los suyos con el maravilloso testamento de su carne y de su sangre, el legado de su corazón: «Nuevo mandamiento os doy: amaos los unos a los otros como Yo os he amado.» El amor de Jesús a nosotros debe ser la medida para el amor que nosotros debemos tenernos. Y ¿cómo nos ha amado Él? «Como mi Padre me ha amado, así también os he amado Yo a vosotros» (Ioh 15, 9). ¿Puede haber un amor más noble y sublime que el amor con que el eterno Padre ama a su Hijo? Con un amor igualmente noble y sublime nos ama Jesús y nos da su mandamiento: que nos amemos los unos a los otros con aquel amor con que Él nos ama.

Luego da Jesús un distintivo característico con que se reconocerá a los suyos. No es, por ejemplo, el consuelo sencillo o un fuego arrebatador en la oración; no es alguna acción extraordinaria, ni un estado extraordinario del alma; no son tampoco los milagros; son son dones extraordinarios de gracia, ni sentimientos ni ideas; es el amor al prójimo. «En esto conocerán todos que sois discípulos míos, en que os tengáis amor unos a otros« (Ioh 13, 35). Éste es el gran mandamiento: «Amarás al Señor tu Dios con todo tu corazón. Éste es el primero y mayor mandamiento. Pero el otro es semejante a éste: Amarás al prójimo como a ti mismo» (Mt 22, 37-39).

2. El amor al prójimo, en sentir de Cristo y del cristiano, no es un amor meramente natural, que ama al prójimo a causa de sus prendas naturales, por ejemplo, una persona noble, o atractiva, o simpática, etc. Eso sería un amor al prójimo por el hombre que encontramos en él. Puede ser este amor noble, muy noble, pero no es el amor cristiano. Éste es un amor sobrenatural con el que en el prójimo amamos a Dios. Amamos al prójimo por Dios y con el mismo amor con que amamos a Dios y a Cristo. El verdadero y cristiano amor al prójimo es amor a Dios. Amamos en el prójimo a Dios, la criatura de Dios, los dones y la gracia de Dios, al Hijo de Dios, al hermano y hermana de Cristo, a un miembro de Cristo, es decir, a Cristo mismo. «La que habéis hecho con el más pequeño de mis hermanos, lo habéis hecho conmigo.» «Estuve hambriento y me disteis de comer. Estuve sediento y me disteis de beber... En verdad os digo: lo que hicisteis al menor de mis hermanos, eso me lo habéis hecho a mí» (Mt 25, 34 ss). Llega Saulo a las cercanías de Damasco. De las autoridades de Jerusalén había recibido el permiso necesario para poder llevar presos a Jerusalén a los discípulos de Cristo de quienes pudiera apoderarse. Cuando llega a Damasco, de repente le envuelve con sus rayos una luz del cielo. Saulo cae derribado en tierra y percibe una voz que le grita: «Saulo, Saulo, ¿por qué me persigues?» — «¿Quién eres Tú, Señor?», pregunta él. — «Lo soy Cristo, a quien tú persigues» (Act 9, 2-5).

El amor cristiano al prójimo brota de la fe sobrenatural, que ve en el hombre algo más que sólo el hombre de carne y sangre. Si no hay fe sobrenatural, no hay verdadero amor cristiano; si hay poca fe, habrá necesariamente poco amor cristiano. El amor cristiano al prójimo no es en el fondo otra cosa que la extensión del amor de Dios al prójimo. La razón determinante, el verdadero motivo de nuestro amor al prójimo es Dios mismo. Nuestro amor sobrenatural se aplica en primer término a Dios, y en segundo lugar al prójimo. Pero es un solo y mismo amor sobrenatural. Por eso nuestro amor a Dios es exactamente tan profundo, tan amplio y tan poderoso como es nuestro amor al prójimo. «Si alguien dice: amo a Dios, y odia a su hermano, ése es un embustero. Porque quien no ama al hermano suyo, a quien ve, ¿cómo puede amar a Dios, a quien no ve? Y de Dios tenemos este mandamiento: Que quien ama a Dios ame también a su hermano» (1 Ioh 4, 20-21). Así, pues, el amor al prójimo está íntimamente unido con el amor a Dios, y el precepto del amor al prójimo con el precepto del amor a Dios. Y lo está de manera que el apóstol San Juan, a la virtud del amor al prójimo, atribuye los mismos efectos que al amor a Dios. «Sabemos que hemos pasado de la muerte [del pecado] a la vida [de la gracia, de la filiación divina] porque amamos a nuestros hermanos: Quien no ama, continúa en la muerte [del pecado]» (1 Ioh 3, 14). Y San Pablo se refiere al amor a Dios y al prójimo cuando entona el himno del amor: «Si hablare las lenguas de los hombres y de los ángeles, pero no tuviere caridad, me habré hecho bronce que resuena, o címbalo que clamorea. Y si tuviere el don de profecía, y supiere todos los misterios y toda la ciencia..., na sería nada» (1 Cor 13, 1 ss). El amor a Dios y al prójimo son un solo y mismo amor.

El amor cristiano al prójimo es un amor de complacencia en todos los dones y bienes naturales y sobrenaturales que la gracia de Dios ha obrado y obra en el prójimo. Por ello nos alegramos y felicitamos al prójimo por estas muestras del amor de Dios para con él. Ese amor es en gran parte amor de compasión y de participación amorosa en sus debilidades y en sus fallas; una compasión sincera del

177

prójimo por el pecado en que está envuelto, por la desgraciada eternidad que le espera si no se convierte.

El amor cristiano del prójimo es amor de benevolencia para con el prójimo: en primer lugar, le deseamos lo que conviene a su vida sobrenatural: gracia de Dios, perdón del pecado, las gracias que necesita, las inspiraciones e iluminaciones sobrenaturales, fuerza para el bien, la gracia de la perseverancia y la bienaventuranza eterna; en segundo lugar, le deseamos todos aquellos bienes y valores temporales que en la consecución de su eterna felicidad ayudan y hacen progresar. El amor cristiano al prójimo es un amor de acción, un amor activo que se esfuerza sinceramente por no perjudicar en manera alguna, interior o exteriormente, en palabras ni obras, al amor. Un amor de acción que hace todo lo que está en sus fuerzas y lo que las circunstancias del momento le permiten, para mostrar positivamente su amor al prójimo. San Pío x dice con razón: «Para que Cristo se forme en todos, hay que insistir en que nada hay más eficaz que el amor.» El amor abre los corazones y da poder sobre ellos. Ningún otro lenguaje comprende mejor el corazón del hombre que el lenguaje del amor. De ninguna manera podemos conquistar mejor al prójimo para Cristo y para Dios, que con un amor sincero y práctico.

3. ¿En qué podemos conocer sin mucho esfuerzo y con gran seguridad si hacemos provechosamente la santa confesión? En que cada vez nos interese más cumplir el santo mandamiento del amor al prójimo. Practicar la confesión frecuente y fallar en el amor al prójimo, seguir descuidados, sin celo sobrenatural por la salvación de las almas; practicar la confesión frecuente y obrar inconscientemente, hablar contra el amor, ser impacientes, duros, faltos de amor al prójimo... ésas son cosas inconciliables.

Por aquí tenemos que empezar, a fin de comprender y vivir el precepto del amor a Dios y al prójimo, incluso hasta amar al enemigo. Así podemos comprobar el estado de nuestra vida interior, nuestro amor a Dios y a Cristo, nuestra sincera voluntad de amar, en noble lucha por el amor. Faltas de flaqueza habrá también en este terreno; pero no cesaremos en nuestro esfuerzo por seguir adelante y alcanzar el dominio de toda clase de debilidades humanas anejas a nuestra naturaleza. Pero, de manera especial, tenemos que poner nuestro empeño en no cometer jamás y por ningún precio una falta consciente y deliberada contra el amor. En el examen de conciencia para la santa confesión, lo mismo que en el de cada noche, dedicaremos especial atención a nuestros esfuerzos por sentir y practicar el amor cristiano al prójimo. También nuestro propósito tiene que encaminarse en gran parte a que demos amor, suframos con amor y perdonemos con amor. «El amor sea sin fingimiento. Tened horror al mal y aplicaos perennemente al bien; amándoos recíprocamente con ternura y caridad fraternal, procurando anticiparos unos a otros en las señales de honor y de deferencia. No seáis flojos en cumplir vuestro deber. Sed fervorosos de espíritu, acordándoos que es al Señor a quien servís. Alegraos con la esperanza del premio. Sed sufridos en la tribulación; en la oración continuos; caritativos para aliviar las necesidades de los santos o fieles; prontos a ejercer la hospitalidad. Bendecid a los que os persiguen; bendecidlos y no los maldigáis. Alegraos con los que se alegran y llorad con los que lloran. Estad siempre unidos en unos mismos sentimientos y deseos. No blasonando de cosas altas, sino acomodándoos a lo que sea más humilde. No queráis teneros dentro de vosotros mismos por sabios o prudentes. A nadie volváis mal por mal; procurando obrar bien no sólo delante de Dios, sino también delante de todos los hombres. Vivid en paz, si ser puede, y cuanto esté de vuestra parte, con todos los hombres. No os venguéis vosotros mismos, queridos míos, sino dad lugar a que se pase la cólera, pues está escrito: A mí toca la venganza; yo haré justicia, dice el Señor. Antes bien, si tu enemigo tuviere hambre, dale de comer; si tiene sed, dale de beber; que con hacer eso amontonarás ascuas encendidas sobre su cabeza. No te dejes vencer del mal o del deseo de venganza, más procura vencer al mal con el bien o a fuerza de beneficios» (Rom 12, 9 ss).

«La caridad es paciente, es benigna: la caridad no tiene envidia, no se vanagloria, no se ensoberbece; no es ambiciosa, no busca su propio interés, no se irrita, no piensa mal. No se huelga en la injusticia, antes se complace en la verdad [= justicia]; a todo se acomoda, todo lo cree, todo lo espera, todo lo aguanta» (1 Cor 13, 4-7). Preciosas indicaciones para el examen de conciencia y para el propósito. Y cuando hemos pecado conscientemente contra la caridad, o la hemos practicado demasiado poco, entonces se produce un serio y hondo arrepentimiento, que se apodera de la voluntad entera y la fortalece interiormente, de manera que hace de nuestra vida una vida de amor.

Cuando hacemos la santa confesión con esta seriedad, podemos estar convencidos de que ella resulta fructuosa y bendecida por el Señor.

Oración

Señor, que la gracia del Espíritu Santo ilumine nuestros corazones y los refrigere abundantemente mediante las delicias de la caridad perfecta.

¡Oh Dios, amigo y guardián de la paz y de la caridad, da a todos nuestros enemigos verdadera paz y verdadera caridad! ¡Asegúrales el perdón de todos los pecados y condúcelos a la vida eterna! Amén.

25. NUESTRA VIDA DE ORACIÓN

Otro fruto característico de la confesión frecuente tiene que ser una vida honda de oración constante.

1. Es algo conmovedor la oración del sumo sacerdote Cristo en el santísimo sacramento del altar, en el tabernáculo. En él ora, ama, agradece, alaba, suplica y expía sin interrupción, sin cansancio, día y noche. Eleva una oración tan pura, tan santa, tan íntima, tan infinitamente valiosa, que el ojo del Padre se posa con infinita complacencia sobre este suplicante y acepta esta oración con divina complacencia.

Nuestra oración queda a menudo interrumpida por el trabajo, por la conversación, por las distracciones y necesidades de la vida cotidiana. Es una oración a menudo fría, sin fervor, sin atención y sin temor, precipitada y superficial. Sentimos la diferencia entre la oración de Jesús y la nuestra, y por eso, desde lo profundo de nuestra miseria, elevamos nuestra humilde súplica al Salvador: «Señor, enséñanos a orar» (Lc 11, 1).

¿Quién deberá tener estas súplicas más íntimamente en el corazón y en los labios, que el que va con frecuencia a la santa confesión y aspira seriamente a la perfección? ¿Y quién podrá disfrutar más de la gracia de la oración, que el que pone todo su celo en libertarse de toda falta consciente, de las imperfecciones y de todas las aficiones desordenadas a cosas, hombres y, sobre todo, a sí mismo? Eso es lo que queremos en la confesión frecuente. Y ¿en qué deberán mostrarse la eficacia y la fecundidad de la santa confesión y comunión frecuente más que en una sana y perfecta vida de oración?

La confesión frecuente, bien hecha, forma necesariamente almas que saben orar, hombres cristianos que con aplicación y gusto se elevan a Dios y a Cristo sin interrupción; que con Dios y con Cristo viven una vida continua de adoración, de alabanza, de agradecimiento, de súplica y de expiación. Ellos realizan la palabra del Salvador: «que en todo tiempo hay que orar y no desfallecer» (Lc 18, 1).

Esta vida de oración es una característica distintiva del hombre nuevo, sobrenatural, transformado en Dios. Él vive en otro mundo completamente diferente que las personas que no oran. Su ambiente no es el mismo que el de los demás. A sus pensamientos y a las aspiraciones de su alma entera les da una dirección completamente distinta. No tiene ni los mismos intereses, ni las mismas intenciones que otros hombres. Cuando algo emprende, obra de otra manera que el hombre que no ora. Sus ideas acerca del mundo y de la vida son claras y definidas, pero se diferencian en mucho de las de los demás. Los fenómenos y acontecimientos de este mundo le producen menor impresión que a los otros, de manera que se le considera frío, insensible e impasible. Una serenidad clara y segura le diferencia de los otros que no conocen otra cosa que la constante lucha por el éxito y el progreso en el sentido del mundo.

2. ¿En qué consiste la vida de oración, la oración constante? No consiste en un sinnúmero de oraciones vocales, ni en la oración interior ininterrumpida, ni en el incesante pensamiento puesto en Dios y en las cosas divinas, ni en la atención continua del espíritu a Dios, presente en nosotros y alrededor de nosotros. No consiste en un número definido de actos, de prácticas y jaculatorias; consiste más propiamente en una actitud permanente y en una dirección de la voluntad por la cual todo lo que hacemos y padecemos se convierte en oración continua.

Nuestra vida será una oración continua cuando se haya convertido en costumbre y en una segunda naturaleza la disposición constante de amor a Dios, de confianza en Dios, de sumisión a su santa voluntad en todas las cosas y sucesos. Uno está firme, resuelto a no hacer conscientemente nada que desagrade a Dios, al Salvador. Uno tiene la aspiración de vivir en la conformidad más completa con la voluntad de Dios, en agradar en todo a Dios y al Salvador, en no negar jamás nada a Dios y al Salvador, y en recibirlo todo de la mano de Dios tal como Él lo da y lo quita: trabajo, deber, sacrificio, padecimientos, circunstancias, disposiciones, alegrías. No siempre piensa uno en Dios, pero jamás se detiene voluntariamente en un pensamiento inútil y menos en un pensamiento malo. No practica constantemente actos de adoración, no recita constantemente oraciones; el espíritu está en el trabajo, en el deber, pero el corazón y la voluntad están siempre vueltos hacia Dios, atentos a Dios, dispuestos a hacer su voluntad y a someterse en todo a ella. El hombre vive en un olvido completo de sí mismo y todos sus deseos e inclinaciones los tiene orientados hacia Dios.

La oración es disposición del espíritu, orientación de la voluntad, unión de ésta con Dios y con Cristo, caridad, abnegación, obediencia, paciencia silenciosa, buena opinión y santo celo. Mediante la meditación diaria se alimenta, se manifiesta en todo el modo de obrar, en pensamientos y juicios, en el odio contra el mal, en el interés por Dios y por Cristo, en la oración vocal y las jaculatorias a menudo repetidas, que como llamas, casi naturalmente y, por decirlo así, por sí mismas, brotan del ascua de la oración y del amor a Dios que arde en lo más profundo del corazón.

3. Una tal oración «continua», una tal disposición honda e íntima de la voluntad y de la oración, una tal prontitud y decisión santas de estar enteramente unido con la voluntad de Dios y entregarse a Él, tienen que ser el fruto de la frecuente confesión. La oración pura es una fuerza santificadora y transformadora del hombre en su interior y en su exterior. Cuando nuestra oración no nos hace diariamente más entregados a la voluntad de Dios, ni más despegados de la propia voluntad, más sumisos y pacientes, cuando no nos hace siempre más obedientes, más humildes, más amorosos, más sufridos y perdonadores, más bondadosos y benévolos para con los otros, entonces la confesión no es buena y pura. La verdadera oración produce una voluntad sincera y pronta para referir toda obra diaria, todas las circunstancias, sucesos y acontecimientos, fracasos,

padecimientos y esfuerzos a Dios y a Cristo, y hacerlo y aceptarlo todo con sumisión a Dios y en unión con el sentimiento y la oración del sacratísimo corazón de Jesús. He aquí el precioso fruto de la confesión frecuente, en la que el alma se hace cada día más pura y libre, más unida con Dios y más transformada en el espíritu de Cristo.

Oración

Señor, enséñanos a orar. Amén.

26. LA SANTA COMUNIÓN FRECUENTE

«Yo soy el pan de vida. Quien come de este pan, vivirá eternamente. En verdad, en verdad os digo: si no comiereis la carne del Hijo del hombre y no bebiereis su sangre, no tendréis vida en vosotros» (Ioh 6, 48, 52, 54).

1. Nosotros buscamos la vida, la verdadera vida, la vida eucarística, y la encontramos en la sagrada comunión. En los otros sacramentos de la Nueva Alianza tan sólo actúa una fuerza que procede de Cristo, pero Cristo no está presente en ellos personalmente con su divinidad y humanidad, con su alma y su cuerpo. Otra cosa sucede con el santo sacramento de la Eucaristía, con la sagrada comunión. Aquí, sólo aquí está personalmente presente, bajo la clara figura de pan, el autor primero y fuente de todas las gracias, de toda la vida sobrenatural, presente no sólo con su divinidad, sino al mismo tiempo con su humanidad, con su cuerpo y su alma. ¿Para qué? Para dársenos como alimento. «Mi carne, verdaderamente, es comida» (Ioh 6, 55). El alimento conserva la vida, la fortalece, restaura las fuerzas perdidas y da alegría y goce. Algo semejante produce el disfrute de esta comida sobrenatural. Ella nos conserva la vida sobrenatural; nos fortalece para que poda-

mos resistir a las diferentes influencias perniciosas, a las tentaciones y a la lucha contra los enemigos de nuestra alma. También eleva nuestra vida sobrenatural. Es verdad que ya la poseemos, pero tiene que crecer y llegar a la cumbre de la vida cristiana. Para ello necesitamos del alimento de la sagrada comunión. Nos trae la restauración de lo que hemos gastado en la vida cotidiana en empuje espiritual, en amor, en fervor y celo, a causa de la codicia de los pecados y faltas diarias. Finalmente, la sagrada comunión produce alegría espiritual sobrenatural, es decir, una actitud elevada del alma que nos facilita la lucha, acrecienta nuestro valor y nos hace fuertes para los sacrificios que exige la vida de una verdadera imitación de Cristo.

La sagrada Eucaristía es el sacramento de la unión. Comunión significa eso: unión ,hacerse uno. En la recepción de la sagrada comunión se verifica una unión maravillosa, sobrenatural, entre el Señor, que se nos da en alimento, y nuestra alma. La comunión es una íntima unión, un hacerse el Señor uno con nosotros, una unión que nos compenetra y santifica. El Señor quiere hacerse con nosotros, por decirlo así, un solo corazón y una sola alma. Su espíritu penetra con su luz de la fe y hace que todas las cosas de la vida las veamos en la caridad de Dios; palpamos como con las manos la vanidad de todo lo que no es Dios, ni para Dios, ni conduce a Dios; sólo una cosa resulta para nosotros grande y de importancia: lo divino, lo eterno. La voluntad de Cristo, más fuerte, más noble, más santa, se une a nuestra voluntad, y la cura de su debilidad, de su inconstancia y de su egoísmo; nos comunica su fuerza divina, de suerte que, llenos de valor, podemos decir con San Pablo: «Todo lo puedo en Aquel que me conforta» (Phil 4, 13); la fuerza de Cristo nos sostiene. En virtud de su fuerza, nos sentimos suficientemente robustos para hacer y sacrificar lo que Dios quiere de nosotros. El corazón de Cristo, el corazón lleno de amor ardiente a Dios y al prójimo, su corazón, plenitud de toda virtud y santidad, se une al nuestro para inflamarlo de su alma. Entonces nos sentimos penetrados de fuerza para el bien, y en nosotros vive una resolución duradera, inquebrantable, de hacerlo todo para Dios, sufrirlo todo y no negar a Dios nada.

Esto es la sagrada comunión; ella nos transforma. Poco a poco, van cambiando nuestros pensamientos, nuestras ideas, nuestras normas de obrar: recogemos en nuestro espíritu los pensamientos, juicios y normas fundamentales de Jesús. Asimismo se transforman nuestro querer y nuestros deseos: queremos, ansiamos, aspiramos a lo que Cristo quiere y desea. Nuestro corazón se despoja del amor propio desordenado, de sus inclinaciones y apegos meramente naturales; nuestro amor se vuelve cada vez más y más a Dios. En nosotros vive y actúa el Espíritu de Cristo. Decimos, con San Pablo: «Ya no vivo yo, sino más bien es Cristo el que vive en mí» (Gal 2, 20).

Entonces experimentamos lo que el Señor ha prometido: «El que come mi carne y bebe mi sangre, ése permanece en Mí y Yo en él» (Ioh 6, 56), no en el sentido de que Cristo, hasta con su humanidad, con su cuerpo y alma, habite siempre en nosotros, mientras vivamos en estado de gracia, sino más bien que Cristo, según su humanidad, por virtud de la unión eucarística en la santa comunión, permanece unido con nuestra alma de una manera especial: el espíritu de Cristo, el Espíritu Santo, que vive en el alma de Cristo, vive también en nosotros y moldea en nosotros los sentimientos de Cristo; y esto en virtud de la unión especial, del «parentesco de sangre» que Él, mediante la sagrada comunión, ha contraído con nosotros. «Cristo está en nosotros por su Espíritu, el cual nos comunica, y por el que de tal suerte obra en nosotros, que todas las cosas divinas llevadas a cabo por el Espíritu Santo en las almas se han de decir también realizadas por Cristo.» «El sacramento de la Eucaristía... nos da al mismo Autor de la gracia sobrenatural para que tomemos de Él aquel espíritu de caridad que nos haga vivir no ya nuestra vida, sino la de Cristo, y amar el mismo Redentor en todos los miembros de su cuerpo social» (Pío XII, encíclica *Mystici corporis*, de 29-6-1943).

2. El 20 de diciembre de 1905 publicó San Pío X su célebre decreto sobre la comunión. En él enumera las condiciones que son necesarias para recibir la comunión frecuente y diaria.

Siempre impera el principio fundamental: «Lo santo para los santos»; sólo con una buena preparación logrará su provecho la santa comunión, sobre todo la comunión frecuente. Se puede recibir la sagrada comunión, hasta la comunión diaria, de manera que no lleve a uno la santidad, sino que le sirva para su perdición.

Para poder recibir frecuentemente, diariamente, la sagrada comunión se requiere lo siguiente: 1.º, que uno se halle en estado de gracia santificante, es decir, que no tenga conciencia de ningún pecado grave; 2.º, que se reciba la sagrada comunión «con intención recta y devota». «La intención recta consiste en que nos acerquemos a la sagrada mesa, no por costumbre, ni por vanidad, ni por consideraciones humanas, sino con el deseo de servir la voluntad de Dios y de unirnos a Dios más íntimamente en caridad, y, mediante este medio divino de curación, librarnos de las propias faltas y flaquezas.» Luego recalca el decreto, expresamente, que es muy de desear que uno esté libre hasta de los pecados veniales, por lo menos de los completamente deliberados, y de un apego a ellos, aunque basta no tener en la conciencia ningún pecado mortal y estar resuelto a no pecar más en el porvenir. Finalmente, dice: «Cuando existe verdadera voluntad de no pecar más en adelante, llegará uno, sin duda alguna, a verse libre lentamente, mediante la sagrada comunión, hasta de los pecados veniales y del apego a ellos.»

Cuando esto no sucede, ¿qué pasa? Algunos teólogos dicen que en este caso, es decir, en el caso de la recaída en los mismos pecados, habría falta de fruto y de recta intención. El regular la frecuente comunión queda confiado a la sabia decisión del confesor. Finalmente, recalca el decreto la necesidad de una correspondiente preparación y acción de gracias.

3. ¿Habrá sido la confesión frecuente en la época anterior al decreto de comunión de San Pío x tan sólo un «substitutivo» de la comunión frecuente, de suerte que hoy propiamente no tenga derecho a subsistir? Así se ha escrito todavía hace poco tiempo.

Pero de ninguna manera. Ambas son de importancia vital y ambas subsisten con razón: la confesión frecuente y la comunión frecuente. Pío xii defiende con resolución «el uso devoto de la confesión frecuente», pero al mismo tiempo supone la recepción frecuente de la comunión (enc. *Mystici corporis*). ¡Cuán a menudo en sus muchas fervorosas alocuciones llama a los fieles a la recepción de la sagrada comunión!

La confesión frecuente y la comunión frecuente corren parejas, persiguen la misma finalidad: la victoria sobre el mal y sobre todo pecado, y la perfección de la vida cristiana en la santa caridad. Cuanto mejor practicamos la confesión frecuente, con tanta mayor seguridad y perfección «se desarraigan las malas costumbres, se hace frente a la tibieza e indolencia espiritual, se purifica la conciencia» (encíclica *Mystici corporis*). Ahondamos en la «humildad cristiana», dice allí mismo. Y a los humildes da Dios su gracia. De esta manera la confesión frecuente sirve de manera excelente para la frecuente recepción de la sagrada comunión. Ella garantiza «la recta intención» de toda su amplitud y en toda su seriedad, de una manera seguramente completa, y sirve maravillosamente para la eficacia de la comunión frecuente.

Seguramente no corresponde al sentido de la encíclica de Pío xii el hecho de que en ciertos círculos se haya rebajado el alto aprecio de la confesión frecuente. Los que tal hacen, «adviertan... que acometen una empresa extraña al espíritu de Cristo y funestísima para el cuerpo místico de nuestro Salvador».

Cultívese la comunión frecuente y diaria. Pero no en el sentido de que se rechace la confesión frecuente fundándose en la acción perdonadora de los pecados que tiene la sagrada comunión.

Es verdad que la sagrada comunión perdona los pecados veniales cometidos, gracias al acto de caridad que la comunión inspira. Pero si, como sucede en la confesión, se dedica especial atención a los pecados veniales, a vencerlos, entonces la confesión frecuente necesariamente robustecerá y promoverá los efectos de la sagrada comunión. Por lo demás, la confesión frecuente sirve también para crecer en la gracia y en la caridad santa, y, por lo mismo, se dirige al mismo fin que la sagrada comunión.

Es verdad que en muchos no produce su fruto la comunión frecuente y que muchos carecen de «recta intención». Para esos muchos, para profundizar la recepción de la sagrada comunión y hacerla verdaderamente fructuosa, apenas podría haber medio mejor que la seria frecuentación del sacramento de la penitencia con un sacerdote celoso que se preocupe de ellos.

Así pues, sean ambas cosas, la confesión frecuente y la frecuente y diaria comunión, un don sagrado y apreciado que nos hace Dios.

Oración

Señor, yo no soy digno de que entres en mi pobre morada, pero di tan sólo una palabra y mi alma será sana y salva. Amén.

APÉNDICE

1

1. Confesarnos bien tan sólo nos es posible con la gracia de Dios. Por eso empezamos la santa confesión con la oración, para implorar la luz y la fuerza del Espíritu Santo.

2. El examen de conciencia versa tan sólo sobre unos pocos puntos esenciales que para nuestra vida interior y nuestro esfuerzo son más importantes. A ello pertenecen los propósitos de la última confesión, si hemos trabajado en ellos y hasta qué punto: además, alguna infidelidad mayor, sobre todo si con ella hemos dado escándalo y originado choques con otros.

3. Especialmente importante es para nosotros el dolor con el propósito.

Dolor y propósito

Duélome de todo corazón de mis pecados porque con ellos he merecido de Ti justo castigo. Especialmente me duelo de ellos porque con ellos te he ofendido tan a menudo y tan gravemente a Ti, Dios mío y Señor mío, mi Padre amantísimo y mi mayor bienhechor. De todo corazón te pido perdón, Dios mío, por todo lo que he pecado contra Ti. En verdad quiero corregirme, no pecar más y, por lo mismo, evitar toda ocasión de pecado.

Con hondo dolor de mi alma me confieso ante Ti, Dios infinito, de mis muchos pecados y faltas con que te he ofendido.

Por tu infinito amor y compasión me has aceptado en tu Hijo, Jesucristo, también por hijo tuyo, a quien Tú pensaste amar y honrar con todo tu divino amor. Innumerables gracias y beneficios me has hecho Tú; hasta me has llamado para descansar «bienaventurado» sobre tu corazón paterno, como hijo tuyo, por toda la eternidad, participando de las alegrías y delicias que Tú mismo gozas en divina plenitud. Por todos estos beneficios no has reclamado de mí otro agradecimiento sino que te ame y te sirva.

En cambio, yo aun esta misma semana, te he correspondido de nuevo con ingratitud. ¡Qué dolor tendrá que causarte el que yo, para Ti y para tu amor, haya tenido de nuevo tanta ingratitud, tanta frialdad e infidelidad! ¡Qué doloroso tiene que serte el que yo, a Ti, a tu amor, haya preferido las cosas vanas y baladíes de esta tierra, sus goces y alegrías!

Reconozco cuán injusto he sido contigo por mis pecados y faltas. De corazón me arrepiento de haberme portado contigo tan falto de agradecimiento y amor y te ruego que me perdones.

Otra oración de arrepentimiento

Yo te adoro, mi amantísimo Jesús, pendiente como estás del árbol de la cruz, sangrando de mil heridas y sufriendo dolorosísimos tormentos. Reconozco lo que por mí has hecho. Confieso que con mis muchos pecados e infidelidades te he causado los más amargos sufrimientos.

Con humildad y contrición me postro delante de Ti y pido perdón. Siento el más profundo dolor de que a tu amor, a tus padecimientos y a tu muerte haya correspondido con tanta ingratitud. He olvidado el amor que me tienes, me he apartado de Ti y me he vuelto a las cosas vanas de este mundo.

¿Cómo pude ser tan falto de amor y gratitud para contigo? Me pesa de haber procedido así contigo.

Hago el propósito de no cometer jamás un pecado, sobre todo este pecado..., con el que tan a menudo te he ofendido.

Quiero, en cuanto pueda, evitar cuidadosamente la ocasión de pecar, sobre todo este trato..., esta lectura..., esta ocasión de pecar.

Quiero vigilar con todo cuidado mis sentidos, renunciar por completo y morir a esta pecaminosa costumbre..., y a esta tentación..., resistir siempre, en el primer momento y en todo tiempo.

Quiero emplear exacta y concienzudamente los medios que reconozco necesarios para mi mejoramiento y que el confesor me ha de indicar.

Perdono en verdad y de todo corazón a todos los que me han hecho algún mal, así como yo ahora y en mi lecho de muerte espero alcanzar de Ti, Dios mío, el perdón de mis pecados.

Quiero dar satisfacción, en cuanto pueda, por la injusticia cometida por mí contra Dios y los hombres.

Después de la confesión

De todo corazón te doy gracias, Dios misericordioso, por haber perdonado de nuevo mis pecados. Lo que en mi arrepentimiento y en mi confesión ha habido de imperfecto y defectuoso, eso perfecciónalo bondadosamente en tu misericordia.

En satisfacción de las ofensas que te he inferido con mis pecados y en expiación del castigo merecido, te ofrezco el amargo padecimiento, la preciosa sangre, los infinitos méritos de Jesucristo, tu Hijo y Redentor mío, y junto con eso los méritos de la Santísima Virgen María y de los santos, y, en especial, también las penitencias y satisfacciones que todos los santos penitentes con tu gracia han realizado, y también esta mi penitencia, tan pequeña y entera-

193

mente indigna, que con humildad y obediencia quiero hacer.

Asimismo, en unión con las satisfacciones de mi Salvador crucificado, te ofrezco todo lo que en mi vida entera con tu gracia haré de bueno y las contrariedades que he de sufrir.

Y ahora de nuevo me arrepiento de todos mis pecados, renuncio con toda el alma y en tu santa presencia al pecado y a todo placer pecaminoso. «Vete y no quieras pecar más», dijiste Tú, Señor, y eso es lo que yo me digo también ahora: no quiero pecar más. Renuevo delante de Ti los propósitos que he formado, sobre todo el propósito de evitar este pecado..., esta ocasión... y poner en práctica este medio...

Lo he prometido y quiero también cumplirlo. A Ti, Dios mío, quiero servirte fiel y constantemente, caminar siempre dentro de tus mandamientos y antes morir que pecar. Ningún honor y riqueza, ninguna pasión ni consideración humana, ningún placer ni aflicción, ni la vida ni la muerte, ni ninguna otra criatura, nada me ha de separar del amor a Cristo.

Pero Tú conoces mi flaqueza, oh Dios mío. Dame, pues, la gracia de permanecerte fiel hasta la muerte, y Tú mismo ayúdame para que en toda tentación busque mi refugio en Ti. ¡Oh crucificado Salvador mío!, en todo peligro de pecar, tráeme el recuerdo de tu dolorosa pasión, y no permitas que me separe de Ti. Ayúdame, ¡oh María, mi protectora! Alcánzame de tu hijo la gracia de la perseverancia y de una muerte feliz. Amén [1].

2

A. LAS FALTAS E IMPERFECCIONES DE LOS LLAMADOS CRISTIANOS DEVOTOS

En el primer libro de su obra *Noche Obscura*, traza San Juan de la Cruz un cuadro de las imperfec-

---

[1] Según SCHOTT, *Messbuch der heiligen Kirche*.

ciones de los cristianos devotos [1], a quienes él llama principiantes. Damos a continuación un corto resumen del mismo.

1. *Soberbia.* Los principiantes experimentan tal celo y tal ansia por las prácticas de piedad, que esta actitud dichosa, a causa de su imperfección, suscita a menudo ocultos movimientos de orgullo y una cierta complacencia de sí misma; algunos llegan a tal grado de deslumbramiento, que ellos solos quisieran ser considerados como verdaderamente devotos; en toda ocasión se les ve hablar y obrar como si ellos condenaran a todos los demás; inclinados siempre a rebajar el mérito de los otros, pregonan la paja en el ojo del prójimo, pero no reparan en la viga de su propio ojo; cuando se trata del prójimo, cuelan los mosquitos y ellos se tragan los camellos.

A algunos poco se les da de las propias faltas, mientras otras veces se afligen en exceso, porque tienen una alta opinión de su propia santidad; luego se tornan coléricos e impacientes contra sí mismos, lo cual descubre una nueva imperfección. A menudo, con el corazón angustiado, imploran a Dios para que tenga a bien librarlos de sus faltas y malas inclinaciones, pero esto lo hacen más para no sufrir bajo ellas y vivir en paz, que para ser gratos a Dios (cf. SAN FRANCISCO DE SALES, *Filotea,* 3, 9).

2. *Avaricia espiritual.* Tienen muchos de estos principiantes, también a veces, mucha avaricia espiritual, porque apenas los verán contentos con el espíritu que Dios les da. Andan muy desconsolados y quejosos porque no hallan el consuelo que querrían en las cosas espirituales. Muchos no se acaban de hartar de oír consejos, y aprender preceptos espirituales, y tener y leer muchos libros que traten de esto, y váseles más en esto el tiempo que en obrar la mortifi-

---

[1]   Respecto al concepto de cristiano devoto, a diferencia del cristiano celoso, v. p. 199.

cación y perfección de la pobreza interior de espíritu que deben.

A menudo tienen la pasión de llevar y tener estampas piadosas, rosarios, etc., y apegan su corazón a estas cosas de tal manera, que contradice a la pobreza de espíritu. Si se quiere llegar a la perfección, hay que acabar con la inclinación dominante a esas cosas... Quienes desde un principio caminan inmediatamente como se debe, ésos no se apegan a los medios visibles, y no quieren saber más que lo que basta para un recto comportamiento.

3. *Lujuria espiritual.* Muchos de los principiantes tienen muchas imperfecciones que se podrían llamar lujuria espiritual, no porque así lo sea, sino porque procede de cosas espirituales. Porque muchas veces acaece que en los mismos ejercicios espirituales, sin ser en mano de ellos, se levantan y acaecen en la sensualidad movimientos torpes. Como estos movimientos no dependen del poder de nuestra propia voluntad libre, tienen su origen en una de las tres causas siguientes, a saber: en hombres de complexión delicada, de la dulzura en que en la piedad se mueve hasta la misma naturaleza... El alma puede con su espíritu estar ocupada con Dios en la oración; mas, por otra parte, en las potencias sensibles, puede experimentar alteraciones sensuales sin asco y sin resistencia. Una segunda causa es el diablo, que con tales movimientos pretende inquietar al alma en su oración. Y cuando el alma considera esos movimientos de la esfera sensual algo importantes, el diablo le ocasiona grandes daños... Una tercera y frecuente causa de tales movimientos es el temor mismo de esos movimientos y representaciones.

Algunos, bajo pretextos espirituales, entran con ciertas personas en amistades que a menudo no proceden del espíritu, sino de la lujuria espiritual. Eso se puede apreciar en el hecho de que pensando en una tal amistad y amor no aumentan el pensamiento y el amor de Dios, sino que más bien, con el aumento de la inclinación sensual, se enfría el puro amor a Dios.

4. *Ira.* «Por causa de la concupiscencia que tienen muchos principiantes en los gustos espirituales, les poseen muy de ordinario con muchas imperfecciones del vicio de la ira. Porque, cuando se les acaba el sabor y gusto en las cosas espirituales, naturalmente se hallan desabridos, y, con aquel sinsabor que traen consigo, traen mala gracia en las cosas que tratan y se aíran fácilmente en cualquier cosilla, y aun a veces no hay quien los sufra. Lo cual muchas veces acaece después que han tenido algún muy gustoso recogimiento sensible en la oración, que como se les acaba aquel gusto y sabor, naturalmente queda el natural desabrido y desganado... En el cual natural, cuando no se dejan llevar de la desgana, no hay culpa, sino imperfección que se ha de purgar por la sequedad y aprieto de la noche obscura.»

Otros incurren en pecados a causa de la ira, encolerizándose con un celo inquieto por las faltas y malas crianzas de los demás, estando al acecho para censurarlos con amargura, y hasta lo hacen de obra.

Otros, finalmente, caen en cólera por sus propias imperfecciones y faltas. Quisieran volverse santos en *un solo* día. Algunos se proponen muchas y grandes cosas, pero caen con tanta mayor frecuencia cuanto más propósitos forman, porque no son humildes. Se excitan más y más cada vez, y no quieren esperar con paciencia hasta que Dios colme sus deseos según su complacencia.

5. *Gula.* Apenas se podrá encontrar un solo principiante —por más celoso que haya dado los primeros pasos por la senda de la virtud— que no caiga en una de las muchas imperfecciones que tienen su origen en los gustos de la vida virtuosa recién comenzada. Es decir, que en la regla, generalmente, más buscan este gusto que la pureza y la ver-

dadera piedad. Su aspiración a este gusto los impulsa,
por ejemplo, a ejecutar graves prácticas de penitencias
corporales, o agotar sus fuerzas con ayunos conti-
nuados. En ello no se atienen a ninguna regla ni nadie
busca el consejo de alguien. Testarudamente tratan
de convencer a su padre espiritual para que condes-
cienda con sus deseos; por la fuerza quieren obtener
su aprobación. Si no logran su fin, entonces se des-
consuelan como niños y están de mal humor. Entonces les parece como si no hicieran nada por la causa
de Dios, tan sólo porque no hacen aquello a que tienen
apego. Los que se consumen por la sed de gustos espirituales, ésos buscan lo mismo en sus comuniones
en lugar de alabar y adorar con toda humildad al
Señor que ha venido a ellos. De la misma manera
se portan en la oración. En ella lo más importante
les parece la devoción dulce y sensible que quieren
procurarse a toda costa, llegando hasta con el esfuerzo a cansar su cabeza. Si no consiguen su fin,
entonces están inconsolables; y porque experimentan
una resistencia en contra para dedicarse de nuevo
a la piedad, renuncian completamente a ella.

6. *Envidia y acidia.* Cuando al prójimo le va
bien, encuentran a veces los principiantes disgusto
en ello. Sienten envidia y movimientos de desagrado
contra los que avanzan en su vida interior y los so-
brepujan en méritos. Se impacientan por las virtudes
de los mismos y no pueden sufrir que se los alabe.
Inmediatamente toman el partido contrario y tratan de desvirtuar en cuanto pueden la eficacia de las
alabanzas. Deseosos siempre de ocupar el primer
puesto, hallan que es muy doloroso no ser admirados
como los otros.

A causa de la pereza, los principiantes se arrastran
lentamente en las prácticas en que el espíritu debe
ejecutar lo principal. Están acostumbrados al consuelo sensible, y cuando no lo encuentran en las prácticas espirituales piadosas, éstas se les convierten en
cargas pesadas... Algunos de ellos quieren que Dios

haga precisamente lo que ellos desean; se descon-
suelan cuando no son complacidos, y sólo con resistencia someten su voluntad a la voluntad divina. Se
disgustan inmediatamente cuando se les manda algo
que no es conforme a su gusto. Violentamente deseosos del gusto espiritual, se tornan débiles y flojos
en todas las cosas que exigen energía, sobre todo en
el trabajo necesario para su completa perfección...
«[Éstos]... son hechos semejantes a los que se crían
con regalos, que huyen con tristeza de toda cosa ás-
pera y oféndense con la cruz en que están los deleites
del espíritu. Y en las cosas más espirituales más tedio
tienen...» [1].

B. LAS IMPERFECCIONES DE LOS CRISTIANOS CELOSOS

1. «Las almas devotas, no satisfechas con evitar
los pecados graves y trabajar por su salvación, tienen
la sincera y firme voluntad de dedicarse al servicio de
Dios y de practicar la virtud. Sólo que al lado de esta
actitud sana se encuentra en ellos un vacío lamentable: no comprenden por completo la renuncia aconse-
jada por el Evangelio y no se encaminan a la práctica
de la misma. De aquí nacen muchas faltas [2].

»Las almas celosas poseen una mejor comprensión
de la mortificación cristiana, y se esfuerzan sinceramente por conseguirla... Por lo mismo, no se encuentra ya en ellas... aquella loca vanidad, que siempre
está llena de sí misma o es esclava de los juicios
humanos; aquella lamentable sensibilidad, aquella
egoísta consideración de sí mismas, que muchas personas, por lo demás buenas, introducen en sus buenas
obras; aquel amor exagerado de sí mismas, de su
comodidad, de su bienestar, que hasta en muchos
cristianos se conserva al lado de una fe viva, y que
desluce verdaderas excelencias.

---

[1] SAN JUAN DE LA CRUZ, *Noche Obscura*, lib. I, cap. 2-7.
[2] Son las faltas mencionadas en A.

»Las almas celosas es verdad que no han llegado todavía a la perfección, pero sus faltas son meramente pasajeras, efecto de su fragilidad, y siempre se arrepienten verdaderamente de ellas. Sus faltas no brotan de una actitud permanente y duradera, que uno se oculte a sí mismo, que disculpe o sólo débilmente combata, como hacen las almas devotas.

»Los cristianos devotos, además de los actos de amor menos perfectos, favorecen y ejecutan también muchos actos de amor perfecto a Dios. Además, tienen un vivo horror a los pecados mortales. El acto justificativo del amor o del dolor perfecto surge enteramente por sí mismo en sus corazones con tal que se prevengan contra el desaliento... Pero estos actos de amor no son muy intensivos. Son suficientemente fuertes para alejar el pecado mortal, pero no para impedir los pecados veniales, y menos las imperfecciones, porque a las imperfecciones los cristianos simplemente devotos les dedican poca atención.

»En cambio, en los cristianos celosos, los actos de amor puro son más frecuentes y, en todo respecto, más perfectos. Con su fe viva y con su inteligencia ilustrada, conocen mejor la hermosura, la grandeza y la santidad de Dios, y en ello tienen su alegría (amor de complacencia). Como fuera de eso su mortificación es más completa, les cuesta poco renunciar al pecado mortal. Cuando hacen protesta de su amor a Dios, no se refieren solamente a los pecados mortales, sino también a los veniales, y hasta a las imperfecciones. El valor de su amor es realzado más aún por su celosa aspiración a agradar a Dios, a verle glorificado (amor de benevolencia), por su odio contra el pecado grave, que es más poderoso que en los cristianos menos perfectos, su resolución de evitar los pecados veniales y las imperfecciones, la cual, aun cuando no sea firme, es, sin embargo, sincera... Constantemente elevan su corazón a Dios; unas veces vuelven su vista, con un acto de amor a Dios, al objeto de su tierno amor; otras veces convierten las obras que desempeñan, los trabajos de que se hacen cargo, las pruebas que llevan con paciencia y las victorias que obtienen en la lucha contra las tentaciones, en otros tantos actos de santo amor a Dios.

»El amor a Dios no es algo accesorio en su vida, sino precisamente el fundamento de ella; están sus almas traspasadas del deseo de referirlo todo a Dios.

»De este celo amoroso brotan naturalmente otras virtudes: una gran confianza en Dios, una paciencia mucho más alegre e inquebrantable que en el cristiano simplemente devoto; su humildad es más profunda, y su renuncia al mundo más completa. Cuando se preocupan por el bienestar del prójimo, lo hacen más por un sentimiento de caridad cristiana, que por un movimiento natural de simpatía o de compasión; además, buscan con mayor empeño el bien espiritual de los que aman, que su bienestar temporal.

»Con una tal disposición de espíritu, los cristianos celosos incurren, relativamente, en pocas faltas.

2. »Sin embargo, aun en los cristianos celosos se encuentran todavía muchas debilidades; son más celosos que firmes. Es verdad que están animados de sincero deseo de mortificarse siempre y en todo, y de hecho hacen muchos actos heroicos de mortificación; pero, con todo, están todavía muy lejos de un completo renunciamiento.

»Que el renunciamiento de estas almas está muy lejos de haber llegado al grado intentado, se conoce en esto: que todavía conservan *inclinaciones del todo naturales,* de las que quisieran librarse, pero por las que son perseguidos y molestados; también se ve en que prestan demasiada atención a las vanas habladurías del mundo y a las novedades mundanas.

»Hay todavía muchas cosas por las que tienen vivo interés; hallan su contentamiento en las alegrías terrenales, pero con moderación y sin ofensa de Dios.

»Es verdad que en todo quisieran mortificarse, pero, frecuentemente, cuando la naturaleza encuentra un goce sin haberlo buscado, les gusta saborearlo, aunque se digan que sería mejor renunciar a él. A la claridad de la luz de la fe no acompaña la correspondiente *resolución*. Cuando el goce, en que se tenía alegría, se le quita a uno, entonces el cristiano celoso se somete con voluntad y prontitud, porque conoce el valor de la cruz, y se siente feliz de poder ofrecer a su Dios este sacrificio, pero sin vanagloriarse por ello de que haya logrado una mortificación completa.

»Tales cristianos han formado, por ejemplo, el propósito de comenzar el día con un pequeño sacrificio que cueste algo a la naturaleza, a saber, abandonar el lecho al despertar, sin vacilación alguna. Mas, cuando ha llegado ese momento, son un poco perezosos para realizar el propósito. El propósito es sincero, pero les falta fuerza en el momento de la ejecución.

»Sin tener la indocilidad y testarudez de muchos cristianos devotos, sin embargo, en ciertas ocasiones todavía se mantienen firmes, más o menos conscientemente, en su propia voluntad; y cuando acontecimientos insignificantes de la vida no se realizan conforme a sus deseos, se someten tan sólo a medias, y alimentan en su corazón un cierto descontento. No sospechan cuánto impulso natural se encuentra hasta en sus buenas aspiraciones, cuánta sensibilidad puramente humana en sus alegrías y dolores, en sus temores y esperanzas.

»Aun cuando a menudo y seriamente practican el renunciamiento, sin embargo, subsiste todavía en ellos un deseo de hacer algo grande, una ambición de sobrepujar a otros, aunque sea únicamente en el campo del espíritu. Son demasiado ilustrados para no desdeñar los hombres del mundo, para buscar con ansia pequeños éxitos en las cosas mundanas, donde encuentra su satisfacción la *vanidad* de los imperfectos; pero no tienen el mismo desprendimiento respecto de los bienes espirituales. Hasta de la cruz que la Providencia les envía, toman ocasión para complacerse en sí mismos. Por lo demás, exageran con frecuencia sus padecimientos, y están persuadidos de que son pocos los que han de sobrellevar tales pruebas.

»De aquí nace también que ellos no se alegran de lo bueno que realiza el prójimo (envidia). ¿No es verdad que a menudo nos encontramos con personas muy buenas que juzgan favorablemente su propio proceder y con dureza el ajeno?

»Los cristianos celosos tienen, por lo general, gran confianza en Dios. Sin embargo, en muchos esta confianza se da junto con una confianza en sí mismos que no está exenta de temeridad. En otros, a su vez, la confianza deja algo que desear, ya sea porque cuentan demasiado con los medios humanos, ya sea porque no cuentan lo suficiente con la ilimitada bondad y con la Providencia enteramente paternal de Dios. Tal cosa es un resto de la manera de pensar puramente humana, de la *prudencia humana* que en los verdaderos amigos de Dios no encontramos.

»Asimismo, en muchos cristianos celosos que han hecho progresos en la virtud, pero que todavía no han alcanzado la perfección, se ve cierta actividad inquieta: toman sus decisiones con *prisa y precipitación*, no encuentran tiempo para orar a Dios, para aconsejarse con personas piadosas y entendidas y para dejar pasar la primera impresión; se lanzan con impetuosidad al cumplimiento de los deberes de su estado. Otros cristianos celosos, a pesar del sincero deseo de una perfección en todos los actos de su vida, tienen un buen resto de *blandura y comodidad*. Tanto en los unos como en los otros se nota muy claramente el cambio entre los tiempos de fervor y los de tibieza»[1].

---

[1] Sandrean, *Das geistliche Leben* (La vida espiritual), I, 399 ss.

3

Examen de conciencia según el Padrenuestro

(Para los ejercicios y días de retiro)

Padre. Mi relación fundamental con Dios Padre.

¿Es en realidad Dios para mí el Padre a quien doy muestras de respeto, gratitud y obediencia, a quien otorgo mi fe y confianza, y a quien me someto en el dolor con toda paciencia? ¿Soy yo para Él en realidad hijo? ¿Ha llegado a ser Él para mí un extraño a causa de la indiferencia, disgusto y fastidio que yo he sentido?

¿Vivo yo con la conciencia de que el Padre, el Dios trino, vive personalmente en el fondo de mi conciencia, para dirigirla, protegerla y colmarla con su fuerza y con su vida?

La gloria de Dios, la adoración y el honor de Dios, ¿me interesan sobre todas las cosas? ¿Me esfuerzo en algo por el honor de Dios? ¿Es mi primero y más importante empeño conocer a Dios y amarle, y para ese fin me santifico y busco la perfección cristiana? ¿Qué son para mí los votos de la orden, las reglas y las prescripciones del claustro? ¿Qué son para mí la vida interior, la aspiración a la virtud? ¿Qué es para mí Cristo, el Salvador, mi hermano y amigo? ¿Qué son para mí sus palabras y sus obras? ¿Qué es para mí el santísimo sacramento de la Eucaristía? ¿Qué es su Iglesia? ¿Doy la cara por el honor de Cristo, su Iglesia y sus santos?

Oración. ¿Me procuro tiempo para estar una hora en intimidad con mi Padre? ¿Es mi oración humilde, confiada, perseverante, digna del Padre? ¿No estoy consciente y voluntariamente distraído? ¿Qué valor tienen para mí la meditación, el examen de conciencia y la lectura espiritual?

Trabajo. ¿Es trabajo para mí el trabajo en servicio del Padre? ¿Cumplo cada trabajo que se me impone? ¿Con puntualidad, con sentido de la responsabilidad, con alegría?

Nuestro. Mi relación fundamental con el prójimo.

¿Respeto al prójimo? ¿Respeto su vida, su libertad, su manera de ser, su inocencia, su honor, su buen nombre?

¿Deber de justicia y amor para con todo necesitado, con prontitud, benevolencia, cordialidad? ¿Escándalo? (pecados ajenos).

¿Mi relación con los más allegados, en la familia, en la comunidad claustral? ¿Amor, fidelidad?

¿Amor a la Iglesia, al pueblo, a la patria? ¿Me esfuerzo por ser más desinteresado? ¿Servicial?

¿Soporto a mis hermanos y hermanas tales como son? ¿También cuando no les va bien y aun cuando son menos amables? ¿Soy capaz y digno de recibir amor?

Santificado sea tu nombre.

¿Es Dios, para mí, el Santo, ante quien con profundísimo respeto me arrodillo? ¿Es el Señor, el inviolable, a quien todo está sometido?

¿Me esfuerzo para que su nombre sea santificado? ¿Tengo conciencia de que me está confiado el honor del Padre? ¿Son mi pensamiento y mi palabra respetuosos para con Dios? ¿Dignos de Dios? ¿Me impresiona, me hiere el que se blasfeme de Él, de Cristo, de la Iglesia?

¿Me esfuerzo por formarme una imagen exacta de Dios, una imagen viviente de Cristo? ¿Me preocupo de ahondar mis conocimientos religiosos y deberes morales? ¿Me cuido de tener una conciencia alerta y delicada? ¿Soy en todo concienzudo?

¿En la comunidad, en la parroquia, en el claustro, me esfuerzo por propagar la gloria de Dios? (oraciones corales, servicio divino en común).

Venga a nosotros tu reino.

¿Estoy esperando el reino futuro, el día de Cristo, la manifestación de su reino? ¿Acaso olvido por este mundo el venidero? ¿Está mi vida ordenada al fin? ¿Sé que soy peregrino y me porto como tal?

¿Me preocupo por la venida del reino de Dios en el mundo? ¿Ruego y hago sacrificios por ello? ¿Me preocupo del «reflejo de la gloria del reino futuro», de la justicia en la tierra, del triunfo del bien y de la santidad? ¿No sirvo yo de escándalo a otros?

¿Me preocupo por el reino de Dios en mí? ¿Puede crecer en mí? ¿Qué es lo que se opone a su crecimiento? ¿Soy yo verdaderamente, en el sentido del sermón de la montaña, «pobre» delante de Dios y lo espero todo de la gracia de Dios? ¿Tengo hambre de los dones y de la vida y del amor de Dios? ¿Soy manso? ¿O me dejo arrastrar de la indignación, de la cólera, de mis pasiones? ¿Me sobrepongo interiormente a las ofensas? ¿Soy de corazón compasivo en mi juicio respecto de los otros? ¿Tengo paciencia con sus debilidades? ¿Sé ver las miserias de los otros? ¿Ayudo con gusto?

¿Es mi conducta para con los demás clara, inequívoca, franca? ¿Amo la paz, y no la lucha y la pelea? Con mis conversaciones, ¿no siembro entre los demás odio, desprecio, enemistades? ¿Perdono las injusticias sufridas?

¿Qué es para mí la Iglesia, la palabra, la enseñanza, el modo de pensar de la Iglesia?

Hágase tu voluntad.

¿Está para mí por encima de todas las cosas la voluntad del Padre? ¿Me esfuerzo por ver la voluntad y la mano del Padre en todos los sucesos y experiencias? ¿Me dejo llevar de mi propia voluntad, por orgullo, por falta de respeto, por temor a las consecuencias que la aceptación completa de la voluntad de Dios trae consigo?

¿Soy dócil a todo llamamiento y encargo del Padre? ¿Estoy alerta y listo para adaptarme en todo a la voluntad del Padre?

¿Cómo cumplo con el mandamiento capital del amor de Dios y del prójimo? ¿Estoy falto de caridad en el pensar, en el hablar, en el obrar? ¿Me porto amablemente para así sembrar amor? ¿Puede el amor de Dios manifestarse por medio de mí a los hombres? ¿No es mi conducta, para con Dios, para con Cristo y para con la Iglesia, deshonrosa y nociva?

En mis deberes diarios, en las reglas y disposiciones de los superiores, en las circunstancias y relaciones en que me hallo, ¿reconozco la voluntad y el encargo de Dios, del Padre? ¿Doy yo también en las situaciones difíciles, dispuesto y alegre, mi «Sí, Padre, porque a Ti es grato»? ¿Estoy presto a sacrificar todo lo demás a la voluntad y llamamiento de Dios?

El pan nuestro de cada día, dánosle hoy.

¿Pido al Padre también por las cosas diarias? ¿Vivo en actitud de confianza, de manera que no me angustie el porvenir? ¿Estoy contento con el sencillo don del pan de cada día? ¿No murmuro? ¿Doy gracias al Padre también por las cosas cotidianas?

¿Me preocupo por el pan de cada día del alma, es decir, de la palabra de Dios (servicio divino, predicación, lectura de la Sagrada Escritura, etc.)? ¿Me preocupo de la buena recepción del pan eucarístico?

¿Me esfuerzo porque los que están confiados a mi cuidado conserven buen gusto para una ulterior formación religiosa?

Perdónanos nuestras deudas, así como nosotros perdonamos a nuestros deudores.

¿Pongo cuidado en conocer mis culpas? ¿Las admito? ¿Las confieso delante del Padre y le ruego el perdón de ellas?

¿Confieso mi culpa sincera y noblemente delante de la comunidad (en el *Confiteor* de la misa) y delante del sacerdote como representante de Cristo y de la Iglesia en la santa confesión? ¿Perdono a mis deudores? ¿A todos sin excepción? ¿Soy conciliador? ¿Me irrito fácilmente? ¿No juzgo sobre los demás? Cuando es necesario, ¿no pido perdón a los demás? ¿No hay alguno a quien yo «no pueda ver»?

No nos dejes caer en la tentación.

¿Conozco mi propia flaqueza? ¿No soy ligero frente a la tentación? ¿No juego con ella?

¿No fomento en mí mismo la tentación, por ejemplo, de mala codicia? ¿Cómo me porto frente a los atractivos del mundo? ¿Qué actitud guardo frente a la actual secularización de la vida, frente a las ideas y corrientes materialistas de la época?

¿Cómo me enfrento con el terrible poder del mal y sus tentaciones? ¿Me da la fe en la justicia futura la necesaria paciencia y confianza en la Providencia divina? ¿Temo y huyo por todos los medios del más grande de los peligros: el peligro de despreciar las gracias de Dios y abusar de ellas, el peligro del endurecimiento, del pecado contra el Espíritu Santo?

Líbranos del mal.

¿No deseo que Dios me libre de toda prueba?

¿Me preocupo de comprender con mayor hondura el sentido del dolor y de la Cruz? ¿La participación en los dolores de Cristo es para mí camino de desprendimiento y redención? ¿Veo en el dolor la Providencia, la disposición, la mano de Dios Padre? ¿Estoy debidamente dispuesto para el sacrificio?

¿Tengo mi alma abierta al consuelo de Dios? ¿La tengo también abierta para las muchas pequeñas alegrías con que a diario Dios me obsequia? ¿Espero ansiosamente la eterna redención que el día de la venida de Cristo me traerá?

4

ORACIONES PARA LA SAGRADA COMUNIÓN

Antes de la sagrada comunión

La preparación próxima para recibir la sagrada comunión es la unión con el sacerdote oferente y la comunidad cooferente, o sea la Iglesia, en el sacrificio eucarístico. En el sacrificio eucarístico, «los mismos fieles, reunidos en comunes votos y oraciones, ofrecen al Padre Eterno, por medio del sacerdote, el Cordero sin mancilla, hecho presente en el altar, a la sola voz del mismo sacerdote, como hostia agradabilísima de alabanza y propiciación por las necesidades de toda la Iglesia. Y así como el Divino Redentor, al morir en la Cruz, ofreció a sí mismo al Padre Eterno como Cabeza de todo el género humano, así también en esta oblación pura (Mal 1, 11) no solamente se ofrece al Padre celestial, como Cabeza de la Iglesia, sino que ofrece en sí mismo a sus miembros místicos, ya que a todos ellos, aun a los más débiles y enfermos, los incluye amorosamente en su corazón» (encíclica *Mystici corporis*, de Pío XII). Nosotros ofrecemos a Cristo como ofrenda nuestra, y en Cristo nos ofrecemos a nosotros mismos y nos convertimos en ofrenda. En la sagrada comunión nos regala el Padre a su Hijo crucificado, para que éste nos compenetre con su espíritu y con su fuerza de sacrificio, y para que nosotros seamos lo suficientemente fuertes para ser en la vida cotidiana, en la ruda realidad, ofrenda, por decirlo así, sangrienta, conforme nos hemos consagrado a Dios en la fiesta litúrgica.

En caso de necesidad, pueden las oraciones siguientes ser una ayuda en la preparación para la sagrada comunión.

Omnipotente y sempiterno Dios. Heme aquí que vengo al sacramento de tu Hijo unigénito, nuestro Señor Jesucristo. Vengo como enfermo al médico de la vida, como manchado a la fuente de la misericordia, como ciego a la luz de la eterna claridad, como pobre e indigente al Señor de cielos y tierra. Por eso te pido la superabundancia de tu infinita liberalidad para curar mi enfermedad, lavar mis manchas, iluminar mi ceguera, enriquecer mi pobreza, vestir mi desnudez, para que yo reciba el pan de los ángeles, al Rey de reyes y Señor de los señores, con tan grande reverencia, con tal pureza y tal fe, con tal sentimiento y pensamiento como es conveniente para la salvación de mi alma. Concédeme, te suplico, recibir no sólo el sacramento del cuerpo y sangre del Señor, sino también la realidad y la virtud del sacramento. Oh Dios bondadosísimo, haz que yo reciba el cuerpo de tu Hijo unigénito, nuestro Señor Jesucristo, que Él recibió de la Virgen María, de tal manera que merezca ser incorporado a su Cuerpo místico, y contado entre sus miembros. Oh amorosísimo Padre, concédeme que a tu divino y amado Hijo, a quien me propongo recibir oculto ahora en esta vida mortal, le contemple eternamente algún día cara a cara, a Él, que contigo vive y reina en unidad del Espíritu Santo, Dios, por toda la eternidad. Amén.

Santo Tomás de Aquino

Yo *creo* firmemente que Tú, Jesús, mi Salvador y Redentor, estás realmente presente en el santísimo sacramento del altar, en carne y sangre, en cuerpo y alma, con tu humanidad y divinidad. Porque Tú, verdad eterna e infalible, has dicho: «Éste es mi cuerpo, ésta es mi sangre» (Mt 26, 26). «El que come mi carne y bebe mi sangre, tiene la vida eterna y Yo le resucitaré en el último día» (Ioh 6, 55). «El que come mi carne y bebe mi sangre, permanece en mí y Yo en él» (Ioh 6, 57).

Yo *espero* en Ti, mi Jesús, que por medio de este santo sacramento me infundirás con la mayor abundancia tu gracia, tu vida, tu fuerza y tu espíritu, y me librarás de mí mismo y de mis malas inclinaciones, por cuanto Tú, habiéndote hecho mi sustento, me atraes a Ti en toda intimidad y me transformas en Ti, así como conviertes el pan en tu sagrado cuerpo y el vino en tu sacratísima sangre. Realiza en mí esa santa transformación.

Yo te *amo,* mi queridísimo Jesús, con todo mi corazón. Porque te amo, por eso me pesa de todo corazón haberte ofendido e insultado tan a menudo con mis pecados y faltas. Porque te amo, por eso *ansío* con todas mis fuerzas unirme contigo en la sagrada comunión y llegar a ser enteramente tuyo. Yo aspiro a que, en virtud de esta unión, todo lo que me pertenezca se haga tuyo propio, sea recibido en tu santísimo corazón, en tus oraciones, en tu perfecta e infinita caridad y entrega a tu Padre. Gracias a esta unión quiero, en todos mis pensamientos, aspiraciones, deseos y actos, depender completamente de Ti y de la influencia de tu gracia para que Tú vivas e imperes en mí, para que Tú crezcas en mí y yo mengüe y muera cada vez más para mí (Ioh 3, 30), para vivir enteramente tu vida en honor del Padre, y en tu honor y gloria.

Oración de Santa Gertrudis

Heme aquí, que me acerco a Ti, fuego devorador: consúmeme a mí, polvo de la tierra, en la hoguera de tu amor. Heme aquí que me acerco a Ti, oh mi dulcísima luz: haz que tu rostro me ilumine, para que mis tinieblas se transformen delante de Ti en claridad de mediodía. Heme aquí, que me acerco a Ti, centro beatífico de todos los corazones: hazme uno contigo mediante el fuego de tu amor, que todo lo derrite.

Después de la sagrada comunión

Estos momentos son preciosísimos. En ellos le ofrecemos todo lo que somos y tenemos, y le entregamos el día entero con sus esfuerzos y renunciamientos, con sus alegrías y dolores. En la unión con Jesús por medio de la sagrada comunión, todo el trabajo del día «se transforma» y se consagra, como en la sagrada transubstanciación el pan se convierte en el cuerpo de Cristo, y el cuerpo de Cristo queda lleno de la vida de Cristo. De esa manera nuestro pensamiento, nuestros trabajos y dolores se convierten en una participación en la oración, en el amor, en el pensamiento y en la expiación del Señor, en una parte de su vida. «Vosotros en Mí, y Yo en vosotros» (Ioh 14, 20).

En caso de necesidad, pueden servir las siguientes oraciones:

Jesús, vivo para Ti; Jesús, muero para Ti; Jesús, tuyo soy, vivo y muerto.

¡Cómo debo *darte gracias* por la dignación de entrar Tú en propia persona en mi corazón para enriquecerme y hacerme feliz con tu vida! Tú, con tu divinidad y humanidad, me regalas todo lo que Tú eres y tienes: tus méritos, tu oración, tu amor al Padre, tu entrega a Él, tu vida. Ahora todo eso se ha hecho mi propiedad para que yo ame a Dios con tu amor, para que le adore con tu corazón, le dé gracias con tu corazón, con tu oración expiatoria le ofrezca satisfacción, y por medio de tu corazón y juntamente con tu sacratísimo corazón le ruegue y le implore diciendo: Padre nuestro, Tú me perteneces. ¿De qué manera podré expresarte mi agradecimiento?

Puesto que ya ahora eres mío, te *ofrezco* al Padre celestial en expiación y satisfacción por todos mis pecados, infidelidades, faltas y defectos. Te ofrezco a Ti como complemento de lo que yo, como ser finito, sólo puedo ofrecer incompleto e insuficiente a la infinita majestad de la Santísima Trinidad. En mi lugar ama Tú, ruega, ríndele homenaje, dale gracias, ofrécele reparación y alabanzas con tu poder infinito. Así se tributarán al Padre adoración digna, alabanzas infinitas y satisfacción suficiente, infinita. Te ofrezco en reparación de las faltas y pecados de los otros, de toda la humanidad pecadora. Obténles tu perdón y gracia, ayuda y fuerza en sus necesidades y miserias. Te ofrezco en agradecimiento por las gracias todas con que la Santísima Trinidad regaló a tu santísima humanidad, a tu santísima Madre y a todos los santos, por todas las gracias y beneficios que yo y los míos recibimos del Padre sin interrupción, en especial en agradecimiento por la gracia de la santa fe, del santo bautismo... Te ofrezco también, para que Tú los presentes al Padre, mis ruegos y necesidades, los ruegos y necesidades de los míos.

Yo me *entrego* todo entero a Ti, para pertenecerte a Ti, como Tú me perteneces a mí. Yo quiero ser tuyo propio. Tuya sea mi oración, tuyos sean mis trabajos, padecimientos y sacrificios, tuyo sea cualquier instante de mis días y mis noches, todo pensamiento, todo latido de mi corazón, todo movimiento de mis miembros. Todo sea depositado en tu corazón, que ora, ama y ofrece sacrificios, como otros tantos granitos de incienso que Tú quieras aceptar, y en la llama ardiente de tu santísimo corazón transformarlo en tus propias oraciones, en actos de tu amor y tu entrega al Padre y en honor suyo. Todo te pertenece. ¡Cuán feliz soy de pertenecerte y de poder entregarlo todo en tus manos y en tu santísimo corazón!

Oración de Santa Gertrudis

Mi dulcísima incorporación a Ti me sirva para el perdón de todos mis pecados y faltas, para expiación de todas mis negligencias, para compensación de toda mi vida perdida. Destierra la pereza de mi espíritu y dame una vida tan sólo consagrada a Ti. Préstame un espíritu que en Ti halle su complacencia, un sentido que te comprenda, un alma que reconozca tu voluntad, fuerza que ejecute lo que te es grato, constancia que en Ti persevere. Y en la hora de la muerte ábreme sin dilación la puerta de tu corazón amantísimo, para que, libre de trabas por Ti, merezca unirme en unión inseparable con Dios, poseerte y gozar de Ti, verdadera alegría de mi corazón. Amén.

Oración con indulgencia

Alma de Cristo, santifícame.
Cuerpo de Cristo, sálvame.
Sangre de Cristo, embriágame.
Agua del costado de Cristo, lávame.
Pasión de Cristo, confórtame.
O buen Jesús, óyeme.
Dentro de tus llagas escóndeme.
No permitas que yo me separe de Ti.
Del maligno enemigo defiéndeme.
En la hora de mi muerte, llámame
Y mándame venir a Ti.
Para que con tus santos te alabe por los
    siglos de los siglos. Amén.

Oración de San Ignacio de Loyola

Indulgencia de trescientos días cada vez. Indulgencia de siete años una vez al día, después de haber comulgado. Rezándola diariamente, indulgencia plenaria una vez al mes; Pío ix, decreto de 9 de enero de 1854.

A Jesús crucificado

Rezando la oración siguiente delante de un cuadro de Jesús crucificado: indulgencia de diez años. Para ganar indulgencia plenaria se requieren, además: confesión, comunión y oración por la intención de la Santa Sede (Pío ix).

Miradme, ¡oh mi amado y buen Jesús!, postrado ante vuestra presencia, os suplico con el mayor fervor imprimáis en mi corazón vivos sentimientos de fe, de esperanza y de caridad, dolor de mis pecados y propósito de jamás ofenderos; mientras que yo, con todo el amor y compasión de que soy capaz, voy considerando vuestras cinco llagas, comenzando por aquello que dijo de Vos, ¡oh Dios mío!, el santo Profeta David: «Han taladrado mis manos y mis pies y se pueden contar todos mis huesos» (Ps 21, 17).

Oración con indulgencia plenaria para la hora de la muerte

Quien una vez en su vida, en un día cualquiera, recibe dignamente los santos sacramentos, y devotamente y con verdadero amor a Dios reza la siguiente oración, gana una indulgencia plenaria que se le otorga en la hora de la muerte sin que tenga nada más que hacer, con tal que se halle en estado de gracia (Pío x, 9 de marzo de 1904).

Señor y Dios mío, desde ahora recibo y acepto de tu mano, con entera conformidad y voluntad, cualquier clase de muerte, como a Ti te plazca, con todas sus angustias, padecimientos y dolores.

Letanías del Sagrado Corazón de Jesús

Señor, ten piedad de nosotros.
Cristo, ten piedad de nosotros.
Señor, ten piedad de nosotros.
Cristo, óyenos.
Cristo, escúchanos.
Padre, eterno Dios de los cielos, ten misericordia de nosotros.
Dios Hijo, redentor del mundo, ten misericordia de nosotros.
Dios Espíritu Santo, ten misericordia de nosotros.
Santa Trinidad, un solo Dios, ten misericordia de nosotros.
Corazón de Jesús, Hijo del eterno Padre, ten misericordia de nosotros.
Corazón de Jesús, formado por el Espíritu Santo en el seno de la Madre Virgen, ten misericordia de nosotros.

Corazón de Jesús, unido substancialmente al Verbo de Dios, ten misericordia de nosotros.

Corazón de Jesús, de majestad infinita, ten misericordia de nosotros.

Corazón de Jesús, templo santo de Dios, ten misericordia de nosotros.

Corazón de Jesús, tabernáculo del Altísimo, ten misericordia de nosotros.

Corazón de Jesús, casa de Dios y puerta del Cielo, ten misericordia de nosotros.

Corazón de Jesús, horno ardiente de caridad, ten misericordia de nosotros.

Corazón de Jesús, asilo de justicia y de amor, ten misericordia de nosotros.

Corazón de Jesús, lleno de bondad y de amor, ten misericordia de nosotros.

Corazón de Jesús, abismo de todas las virtudes, ten misericordia de nosotros.

Corazón de Jesús, dignísimo de toda alabanza, ten misericordia de nosotros.

Corazón de Jesús, Rey y centro de todos los corazones, ten misericordia de nosotros.

Corazón de Jesús, en quien están todos los tesoros de la sabiduría y de la ciencia, ten misericordia de nosotros.

Corazón de Jesús, en quien habita toda la plenitud de la divinidad, ten misericordia de nosotros.

Corazón de Jesús, en quien el Padre tiene sus complacencias, ten misericordia de nosotros.

Corazón de Jesús, de cuya plenitud todos hemos recibido, ten misericordia de nosotros.

Corazón de Jesús, deseo de los collados eternos, ten misericordia de nosotros.

Corazón de Jesús, paciente y de mucha misericordia, ten misericordia de nosotros.

Corazón de Jesús, rico para con todos los que te invocan, ten misericordia de nosotros.

Corazón de Jesús, fuente de vida y santidad, ten misericordia de nosotros.

Corazón de Jesús, propiciación por nuestros pecados, ten misericordia de nosotros.

Corazón de Jesús, saturado de oprobios, ten misericordia de nosotros.

Corazón de Jesús, triturado por nuestros delitos, ten misericordia de nosotros.

Corazón de Jesús, hecho obediente hasta la muerte, ten misericordia de nosotros.

Corazón de Jesús, perforado por una lanza, ten misericordia de nosotros.

Corazón de Jesús, fuente de todo consuelo, ten misericordia de nosotros.

Corazón de Jesús, vida y resurrección nuestra, ten misericordia de nosotros.

Corazón de Jesús, paz y reconciliación nuestra, ten misericordia de nosotros.

Corazón de Jesús, víctima de los pecadores, ten misericordia de nosotros.

Corazón de Jesús, salud de los que en Ti esperan, ten misericordia de nosotros.

Corazón de Jesús, esperanza de los que en Ti mueren, ten misericordia de nosotros.

Corazón de Jesús, delicia de todos los santos, ten misericordia de nosotros.

Cordero de Dios, que quitas los pecados del mundo, perdónanos, Señor.

Cordero de Dios, que quitas los pecados del mundo, escúchanos, Señor.

Cordero de Dios, que quitas los pecados del mundo, ten misericordia de nosotros.

V. Jesús, manso y humilde de corazón.

R. Haz nuestro corazón semejante al tuyo.

Oración

Omnipotente y sempiterno Dios, mira al Corazón de tu amantísimo Hijo, y a las alabanzas y satisfacciones que te ofreció en nombre de los pecadores, y concede propicio el perdón a los que imploran tu

misericordia en nombre de tu mismo Hijo Jesucristo.
Que contigo vive y reina en unidad con el Espíritu
Santo, Dios, por todos los siglos de los siglos. Amén.

Siete años de indulgencia. Plenaria al mes.

Letanías lauretanas

Señor, ten piedad de nosotros.
Cristo, ten piedad de nosotros.
Señor, ten piedad de nosotros.
Cristo, óyenos.
Cristo, escúchanos.
Padre celestial y Dios nuestro, ten piedad de nos-
otros.
Hijo, Redentor del mundo y Dios verdadero, ten
piedad de nosotros.
Espíritu Santo, Dios, ten piedad de nosotros.
Santa Trinidad, un solo Dios, ten piedad de nosotros.
Santa María, ruega por nosotros.
Santa Madre de Dios, ruega por nosotros.
Santa Virgen de las vírgenes, ruega por nosotros.
Madre de Cristo, ruega por nosotros.
Madre de la divina gracia, ruega por nosotros.
Madre purísima, ruega por nosotros.
Madre castísima, ruega por nosotros.
Madre inviolada, ruega por nosotros.
Madre incontaminada, ruega por nosotros.
Madre inmaculada, ruega por nosotros.
Madre amable, ruega por nosotros.
Madre admirable, ruega por nosotros.
Madre del buen consejo, ruega por nosotros.
Madre del Creador, ruega por nosotros.
Madre del Salvador, ruega por nosotros.
Virgen prudentísima, ruega por nosotros.
Virgen venerada, ruega por nosotros.
Virgen digna de toda alabanza, ruega por nosotros.
Virgen poderosa, ruega por nosotros.
Virgen clemente, ruega por nosotros.
Virgen fiel, ruega por nosotros.

Espejo de la justicia, ruega por nosotros.
Sede de la sabiduría, ruega por nosotros.
Causa de nuestra alegría, ruega por nosotros.
Vaso espiritual, ruega por nosotros.
Vaso honorable, ruega por nosotros.
Vaso insigne de devoción, ruega por nosotros.
Rosa mística, ruega por nosotros.
Torre de David, ruega por nosotros.
Torre de marfil, ruega por nosotros.
Casa de oro, ruega por nosotros.
Arca de la Alianza, ruega por nosotros.
Puerta del cielo, ruega por nosotros.
Estrella matutina, ruega por nosotros.
Salud de los enfermos, ruega por nosotros.
Refugio de los pecadores, ruega por nosotros.
Consoladora de los afligidos, ruega por nosotros.
Auxilio de los cristianos, ruega por nosotros.
Reina de los ángeles, ruega por nosotros.
Reina de los patriarcas, ruega por nosotros.
Reina de los profetas, ruega por nosotros.
Reina de los apóstoles, ruega por nosotros.
Reina de los mártires, ruega por nosotros.
Reina de los confesores, ruega por nosotros.
Reina de las vírgenes, ruega por nosotros.
Reina de todos los santos, ruega por nosotros.
Reina concebida sin pecado original, ruega por nos-
    otros.
Reina asunta a los cielos, ruega por nosotros.
Reina del santísimo rosario, ruega por nosotros.
Reina de la paz, ruega por nosotros.
Cordero de Dios, que quitas los pecados del mundo,
    perdónanos, Señor.
Cordero de Dios, que quitas los pecados del mundo,
    escúchanos, Señor.
Cordero de Dios, que quitas los pecados del mundo,
    ten piedad de nosotros.
V. Ruega por nosotros, santa Madre de Dios.
R. Para que seamos dignos de las promesas de Cristo.

Oración

Rogámoste, Señor Dios, nos concedas a nosotros, tus servidores, gozar de perpetua salud de alma y cuerpo, y que, por la gloriosa intercesión de la bienaventurada siempre virgen María, nos veamos libres de la tristeza presente y gocemos de la eterna alegría. Por Cristo Nuestro Señor. Amén.